Wilhelm Dilthey

Der Aufbau der geschichtlichen Welt in den Geisteswissenschaften

Wilhelm Dilthey: Der Aufbau der geschichtlichen Welt in den Geisteswissenschaften. Erstdruck in: Abhandlungen der Preußischen Akademie der Wissenschaften. Philosophisch- Historische Klasse, Jg. 1910, Berlin 1910, S. 1–123.

Veröffentlicht von Contumax GmbH & Co. KG
Berlin, 2010
http://www.contumax.de/buch/
Gestaltung und Satz: Contumax GmbH & Co. KG
Druck und Bindung: Books on Demand GmbH, Norderstedt

ISBN 978-3-8430-6438-5

Inhalt

[Vorbemerkung] 5
I. Abgrenzung der Geisteswissenschaften 7
II. Die Verschiedenheit des Aufbaus in den Naturwissenschaften und den
    Geisteswissenschaften 15
III. Allgemeine Sätze über den Zusammenhang der
     Geisteswissenschaften 45
    1. Das gegenständliche Auffassen 46
    2. Die Struktur der Geisteswissenschaften 53
        1. Das Leben und die Geisteswissenschaften 54
        2. Die Verfahrungsweisen, in denen die geistige Welt gegeben
           ist 62
        3. Die Objektivation des Lebens 69
        4. Die geistige Welt als Wirkungszusammenhang 74
Fußnoten 109

Den Grundstock der nachfolgenden Arbeit bilden die in der Akademie der Wissenschaften durch mehrere Jahre bis zum 20. Januar 1910 gelesenen Abhandlungen über die Abgrenzung der Geisteswissenschaften, den Strukturzusammenhang des Wissens, das Erleben und das Verstehen. Von ihnen hat die über den Strukturzusammenhang des Wissens ihre Grundlage in der über den psychischen Strukturzusammenhang, die am 2. März 1905 gelesen, im Sitzungsbericht des 16. März gedruckt ist und sonach hier nur kurz zusammengefaßt und ergänzt werden konnte. Von den in die vorliegende Arbeit aufgenommenen ungedruckten Abhandlungen ist die eine über Abgrenzung der Geisteswissenschaften hier einfach reproduziert, die über Erleben und über Verstehen sind erweitert. Im übrigen schloß sich das hier Vorgelegte an meine Vorlesungen über Logik und über System der Philosophie an.

I. Abgrenzung der Geisteswissenschaften

Es gilt, die Geisteswissenschaften von den Naturwissenschaften durch sichere Merkmale vorläufig abzugrenzen. In den letzten Dezennien haben über die Natur- und Geisteswissenschaften und besonders über die Geschichte interessante Debatten stattgefunden: ohne in die Ansichten einzugehen, die in diesen Debatten einander gegenübergetreten sind, lege ich hier einen von ihnen abweichenden Versuch vor, das Wesen der Geisteswissenschaften zu erkennen und sie von den Naturwissenschaften abzugrenzen. Die vollständige Erfassung des Unterschieds wird sich erst in den weiteren Untersuchungen vollziehen.

1.

Ich gehe von dem umfassenden Tatbestand aus, welcher die feste Grundlage jedes Räsonnements über die Geisteswissenschaften bildet. Neben den Naturwissenschaften hat sich eine Gruppe von Erkenntnissen entwickelt, naturwüchsig, aus den Aufgaben des Lebens selbst, welche durch die Gemeinsamkeit des Gegenstandes miteinander verbunden sind. Solche Wissenschaften sind Geschichte, Nationalökonomie, Rechts- und Staatswissenschaften, Religionswissenschaft, das Studium von Literatur und Dichtung, von Raumkunst und Musik, von philosophischen Weltanschauungen und Systemen, endlich die Psychologie. Alle diese Wissenschaften beziehen sich auf dieselbe große Tatsache: das Menschengeschlecht. Sie beschreiben und erzählen, urteilen und bilden Begriffe und Theorien in Beziehung auf diese Tatsache.

Was man als Physisches und Psychisches zu trennen pflegt, ist in dieser Tatsache ungesondert. Sie enthält den lebendigen Zusammenhang beider. Wir sind selber Natur, und die Natur wirkt in uns, unbewußt, in dunkeln Trieben; Bewußtseinszustände drücken sich in Gebärde, Mienen, Worten beständig aus, und sie haben ihre Objektivität in Institutionen, Staaten, Kirchen, wissenschaftlichen Anstalten: eben in diesen Zusammenhängen bewegt sich die Geschichte.

Dies schließt natürlich nicht aus, daß die Geisteswissenschaften, wo ihre Zwecke es fordern, sich der Unterscheidung des Physischen und Psychischen bedienen. Nur daß sie sich bewußt bleiben müssen, daß sie dann mit Abstraktionen arbeiten, nicht mit Entitäten, und daß diese Abstraktionen nur in den Schranken des Gesichtspunktes Geltung haben, unter dem sie entworfen sind. Ich stelle den Gesichtspunkt dar, aus welchem die nachfolgende Grundlegung Psychisches und Physisches unterscheidet und welcher den Sinn bestimmt, in dem ich die Ausdrücke anwende. Das Nächstgegebene sind die Erlebnisse. Diese stehen nun aber, wie ich hier früher nachzuweisen versucht habe[1], in einem Zusammenhang, der im ganzen Lebensverlauf inmitten aller Veränderungen permanent beharrt; auf seiner Grundlage entsteht das, was ich als den erworbenen Zusammenhang des Seelenlebens früher beschrieben habe; er umfaßt unsere Vorstellungen, Wertbestimmungen und Zwecke, und er besteht als eine Verbindung dieser Glieder[2]. Und in jedem derselben existiert nun der erworbene Zusammenhang in eigenen Verbindungen, in Verhältnissen von Vorstellungen, in Wertabmessungen, in der Ordnung der Zwecke. Wir besitzen diesen Zusammenhang, er wirkt beständig in uns, die im Bewußtsein befindlichen Vorstellungen und Zustände sind an ihm orientiert, unsere Eindrücke werden durch ihn apperzipiert, er reguliert unsere Affekte: so ist er immer da und immer wirksam, ohne doch bewußt zu sein. Ich wüßte nicht, was dagegen eingewandt werden könnte, wenn an dem Menschen durch Abstraktion dieser Zusammenhang von Erlebnissen innerhalb eines Lebenslaufs abgesondert und als das Psychische zum logischen Subjekt von Urteilen und theoretischen Erörterungen gemacht wird. Die Bildung dieses Begriffs rechtfertigt sich dadurch, daß das in ihm Ausgesonderte als logisches Subjekt Urteile und Theorien möglich macht, die in den Geisteswissenschaften notwendig sind. Ebenso legitim ist der Begriff des Physischen. Im Erlebnis treten Eindrücke, Impressionen, Bilder auf. Physische Gegenstände sind nun das zu praktischen Zwecken ihnen Untergelegte, durch dessen Setzung die Impressionen konstruierbar werden. Beide Begriffe können nur angewandt werden, wenn wir uns dabei bewußt bleiben, daß sie nur aus der Tatsache Mensch abstrahiert sind – sie bezeichnen nicht volle Wirklichkeiten, sondern sind nur legitim gebildete Abstraktionen.

Die Subjekte der Aussagen in den angegebenen Wissenschaften sind von verschiedenem Umfang – Individuen, Familien, zusammengesetztere Verbände, Nationen, Zeitalter, geschichtliche Bewegungen oder Entwicklungsreihen, gesellschaftliche Organisationen, Systeme der Kultur und andere Teilausschnitte aus dem Ganzen der Menschheit – schließlich diese selbst. Es kann von ihnen erzählt, sie können beschrieben, es können Theorien von ihnen entwickelt werden. Immer aber beziehen sich diese auf dieselbe Tatsache: Menschheit oder menschlich-gesellschaftlich-geschichtliche Wirklichkeit. Und so entsteht zunächst die Möglichkeit, diese Wissenschaftsgruppe durch ihre gemeinsame Beziehung auf dieselbe Tatsache: Menschheit zu bestimmen und von den Naturwissenschaften abzugrenzen. Zudem ergibt sich aus dieser gemeinsamen Beziehung weiter ein Verhältnis gegenseitiger Begründung der Aussagen über die in dem Tatbestand »Menschheit« enthaltenen logischen Subjekte. Die beiden großen Klassen der angegebenen Wissenschaften, das Studium der Geschichte bis zur Beschreibung des heutigen Gesellschaftszustandes und die systematischen Wissenschaften des Geistes, sind an jeder Stelle aufeinander angewiesen und bilden so einen festen Zusammenhang.

2.

Aber diese Begriffsbestimmung der Geisteswissenschaften enthält zwar richtige Aussagen über sie, aber sie erschöpft deren Wesen nicht. Wir müssen die Art der Beziehung aufsuchen, welche in den Geisteswissenschaften zu dem Tatbestand der Menschheit besteht. So erst kann deren Gegenstand genau festgestellt werden. Denn es ist klar, daß die Geisteswissenschaften und die Naturwissenschaften nicht logisch korrekt als zwei Klassen gesondert werden können durch zwei Tatsachenkreise, die sie bilden. Behandelt doch auch die Physiologie eine Seite des Menschen, und sie ist eine Naturwissenschaft. In den Tatbeständen an und für sich kann also nicht der Einteilungsgrund für die Sonderung der beiden Klassen liegen. Die Geisteswissenschaften müssen sich zu der physischen Seite des Menschen anders verhalten als zur psychischen. Und so ist es in der Tat.

In den bezeichneten Wissenschaften ist eine Tendenz wirksam, die in der Sache selber gegründet ist. Das Studium der Sprache schließt ja ebenso in sich die Physiologie der Sprachorgane als die Lehre von der Bedeutung der Worte und dem Sinn der Sätze. Der Vorgang eines modernen Krieges enthält ebenso die chemischen Wirkungen des Schießpulvers als die moralischen Eigenschaften der in Pulverdampf stehenden Soldaten. Aber in der Natur der Wissenschaftsgruppe, über die wir handeln, liegt eine Tendenz, und sie entwickelt sich in deren Fortgang immer stärker, durch welche die psysische Seite der Vorgänge in die bloße Rolle von Bedingungen, von Verständnismitteln herabgedrückt wird. Es ist die Richtung auf die Selbstbesinnung, es ist der Gang des Verstehens von außen nach innen. Diese Tendenz verwertet jede Lebensäußerung für die Erfassung des Innern, aus der sie hervorgeht. Wir lesen in der Geschichte von wirtschaftlicher Arbeit, Ansiedlungen, Kriegen, Staatengründungen. Sie erfüllen unsere Seele mit großen Bildern, sie belehren uns über die historische Welt, die uns umgibt; aber vornehmlich bewegt uns doch in diesen Berichten das den Sinnen Unzugängliche, nur Erlebbare, aus dem die äußeren Vorgänge entstanden, das ihnen immanent ist und auf das sie zurückwirken; und diese Tendenz beruht auf einer von außen an das Leben herantretenden Betrachtungsweise: sie ist in ihm selber begründet. Denn in diesem Erlebbaren ist jeder Wert des Lebens enthalten, um dieses dreht sich der ganze äußere Lärm der Geschichte. Hier treten Zwecke auf, von denen die Natur nichts weiß. Der Wille erarbeitet Entwicklung, Gestaltung. Und in dieser schaffend, verantwortlich, souverän in uns sich bewegenden geistigen Welt und nur in ihr hat das Leben seinen Wert, seinen Zweck und seine Bedeutung.

Man könnte sagen, daß in allen wissenschaftlichen Arbeiten zwei große Tendenzen zur Geltung gelangen.

Der Mensch findet sich bestimmt von der Natur. Diese umfaßt die spärlichen, hier und da auftretenden psychischen Vorgänge. So angesehen erscheinen sie wie Interpolationen in dem großen Texte der physischen Welt. Zugleich ist die so auf der räumlichen Erstreckung beruhende Weltvorstellung der ursprüngliche Sitz aller Kenntnis von Gleichförmigkeiten, und wir sind von Anfang an darauf angewiesen, mit diesen zu rechnen. Wir bemächtigen uns dieser physischen Welt durch das Studium ihrer Gesetze. Diese Gesetze können nur gefunden werden, indem der Erlebnischarakter unserer Eindrücke von der Natur, der Zusammenhang, in dem wir, sofern wir selber Natur sind, mit ihm stehen, das lebendige Gefühl, in dem wir sie genießen, immer mehr zurücktritt hinter das abstrakte Auffassen derselben nach den Relationen von Raum, Zeit, Masse, Bewegung. Alle dieser Momente wirken dahin zusammen, daß der Mensch sich selbst ausschaltet, um aus seinen Eindrücken diesen großen Gegenstand Natur als eine Ordnung nach Gesetzen zu konstruieren. Sie wird dann dem Menschen zum Zentrum der Wirklichkeit.

Aber derselbe Mensch wendet sich dann von ihr rückwärts zum Leben, zu sich selbst. Dieser Rückgang des Menschen in das Erlebnis, durch welches für ihn die Natur da ist, in das Leben, in dem allein Bedeutung, Wert und Zweck auftritt, ist die andere große Tendenz, welche die wissenschaftliche Arbeit bestimmt. Ein zweites Zentrum entsteht. Alles, was der Menschheit begegnet, was sie erschafft und was sie handelt, die Zwecksysteme, in denen sie sich auslebt, die äußeren Organisationen der Gesellschaft, zu denen die Einzelmenschen in ihr sich zusammenfassen – all das erhält nun hier eine Einheit. Von dem sinnlich in der Menschengeschichte Gegebenen geht hier das Verstehen in das zurück, was nie in die Sinne fällt und doch in diesem Äußeren sich auswirkt und ausdrückt.

Und wie jene erste Tendenz dahinzielt, den psychischen Zusammenhang selbst in der Sprache des naturwissenschaftlichen Denkens und unter den Begriffen desselben durch seine Methoden aufzufassen und so gleichsam sich selbst zu entfremden: so äußert sich nun diese zweite in der Rückbeziehung des sinnlich äußeren Verlaufs am menschlichen Geschehen auf etwas, das nicht in die Sinne fällt, im Besinnen auf das, was in diesem äußeren Verlauf sich manifestiert. Die Geschichte zeigt, wie die Wissenschaften, welche sich auf den Menschen beziehen, in einer beständigen Annäherung an das fernere Ziel einer Besinnung des Menschen über sich selbst begriffen sind.

Und auch diese Tendenz greift hinüber über die Menschenwelt in die Natur selber, und sie strebt, diese, die nur konstruiert, aber nie verstanden werden kann, durch Begriffe verständlich zu machen, die im psychischen Zusammenhang gegründet sind, wie das in Fichte, Schelling, Hegel, Schopenhauer, Fechner, Lotze und ihren Nachfolgern geschehen ist, und ihr ihren Sinn abzulauschen, den sie doch nie erkennen läßt.

An diesem Punkte schließt sich uns der Sinn des Begriffspaares des Äußern und Innern und das Recht, diese Begriffe anzuwenden, auf. Sie bezeichnen die Beziehung, welche im Verstehen zwischen der äußeren Sinnenerscheinung des Lebens und dem, was sie hervorbrachte, was in ihr sich äußert, besteht. Nur so weit Verstehen reicht, gibt es dieses Verhältnis des Äußern und Innern, wie nur, soweit Naturerkennen reicht, das Verhältnis von Phänomenen zu dem, wodurch sie konstruiert werden, existiert.

3.

Nunmehr gelangen wir zu dem Punkt, auf dem sich eine genauere Bestimmung über Wesen und Zusammenhang der Gruppe von Wissenschaften ergibt, von der wir ausgingen.

Wir sonderten zunächst die Menschheit ab von der ihr nächststehenden organischen Natur und weiter abwärts der unorganischen. Es war eine Trennung von Teilen am Ganzen der Erde. Diese Teile bilden Stufen, und die Menschheit durfte als die Stufe, in welcher Begriff, Wertabschätzung, Realisierung von Zwecken, Verantwortlichkeit, Bewußtsein der Lebensbedeutung auftreten, von der Stufe des tierischen Daseins abgegrenzt werden. Die allgemeinste Eigenschaft, die unserer Wissenschaftsgruppe gemeinsam ist, bestimmten wir nun dahin, daß sie einen gemeinsamen Bezug auf den Menschen, die Menschheit habe. In ihm ist der Zusammenhang dieser Wissenschaften gegründet. Wir faßten dann die besondere Natur dieses Bezuges ins Auge, der zwischen dem Tatbestand Mensch, Menschheit und diesen Wissenschaften besteht. Dieser Tatbestand darf nicht einfach als der gemeinsame Gegenstand dieser Wissenschaften bezeichnet werden. Vielmehr entsteht ihr Gegenstand erst durch ein besonderes Verhalten zur Menschheit, das aber nicht von außen an sie herangebracht wird, sondern in ihrem Wesen fundiert ist. Es handele sich um Staaten, Kirchen, Institutionen, Sitten, Bücher, Kunstwerke; solche Tatbestände enthalten immer, wie der Mensch selbst, den Bezug einer äußeren sinnlichen Seite auf eine den Sinnen entzogene und darum innere.

Es gilt nun weiter, dies Innere zu bestimmen. Hier ist es nun ein gewöhnlicher Irrtum, für unser Wissen von dieser inneren Seite den psychischen Lebensverlauf, die Psychologie einzusetzen. Ich versuche diesen Irrtum durch folgende Erwägungen aufzuklären.

Der Apparat von Rechtsbüchern, Richtern, Prozeßführenden, Angeklagten, wie er in einer bestimmten Zeit und an einem bestimmten Ort sichtbar ist, ist zunächst der Ausdruck eines Zwecksystems von Rechtsbestimmungen, kraft dessen dieser Apparat wirksam ist. Dieser Zweckzusammhang ist auf die äußere Bindung der Willen in eindeutiger Abmessung gerichtet, welche die zwangsweise realisierbaren Bedingungen für die Vollkommenheit der Lebensverhältnisse verwirklicht und die Machtsphären der Individuen in ihrer Beziehung aufeinander, auf die Sachen und den Gesamtwillen abgrenzt. Die Form des Rechtes müssen daher Imperative sein, hinter denen die Macht einer Gemeinschaft steht, sie zu erzwingen. So liegt das historische Verständnis des Rechtes, wie es innerhalb einer solchen Gemeinschaft zu einer bestimmten Zeit besteht, in dem Rückgang von jenem äußeren Apparat zu der vom Gesamtwillen erwirkten, von ihm durchzusetzenden geistigen Systematik der Rechtsimperative, die in jenem Apparat ihr äußeres Dasein hat. In diesem Sinne handelte Ihering vom Geist des römischen Rechts. Das Verstehen dieses Geistes ist nicht psychologische Erkenntnis. Es ist der Rückgang auf ein geistiges Gebilde von einer ihm eigenen Struktur und Gesetzmäßigkeit. Hierauf beruht von der Interpretation einer Stelle im Corpus iuris ab bis zur Erkenntnis des römischen Rechtes und der Vergleichung der Rechte untereinander die Rechtswissenschaft. Sonach ist ihr Gegenstand nicht eins mit den äußeren Tatbeständen und Begebenheiten, durch die und an denen das Recht sich abspielt. Nur sofern diese Tatbestände das Recht realisieren, sind sie Gegenstand der Rechtswissenschaft. Das Einfangen des Verbrechers, die Krankheiten der Zeugen oder der Apparat der Hinrichtung gehören als solche der Pathologie und der technischen Wissenschaft an.

Ebenso verhält es sich mit der ästhetischen Wissenschaft. Vor mir liegt das Werk eines Dichters. Es besteht aus Buchstaben, ist von Setzern zusammengestellt und durch Maschinen gedruckt. Aber die Literargeschichte und die Poetik haben nur zu tun mit dem Bezug dieses sinnfälligen Zusammenhanges von Worten auf das, was durch sie ausgedrückt ist. Und nun ist entscheidend: dieses sind nicht die inneren Vorgänge in dem Dichter, sondern ein in diesen geschaffener, aber von ihnen ablösbarer Zusammenhang. Der Zusammenhang eines Dramas besteht in einer eigenen Beziehung von Stoff, poetischer Stimmung, Motiv, Fabel und Darstellungsmitteln. Jedes dieser Momente vollzieht eine Leistung in der Struktur des Werkes. Und diese Leistungen sind durch ein inneres Gesetz der Poesie miteinander verbunden. So ist der Gegenstand, mit dem die Literaturgeschichte oder die Poetik zunächst zu tun hat, ganz unterschieden von psychischen Vorgängen im Dichter oder seinen Lesern. Es ist hier ein geistiger Zusammenhang realisiert, der in die Sinnenwelt tritt und den wir durch den Rückgang aus dieser verstehen.

Diese Beispiele erleuchten, was den Gegenstand der Wissenschaften, von denen hier die Rede ist, ausmacht, worin infolge davon ihr Wesen begründet ist und wie sie sich von den Naturwissenschaften abgrenzen. Auch diese haben ihren Gegenstand nicht in den Eindrücken, wie sie in den Erlebnissen auftreten, sondern in den Objekten, welche das Erkennen schafft, um diese Eindrücke sich konstruierbar zu machen. Hier wie dort wird der Gegenstand geschaffen aus dem Gesetz der Tatbestände selber. Darin stimmen beide Gruppen von Wissenschaften überein. Ihr Unterschied liegt in der Tendenz, in welcher ihr Gegenstand gebildet wird. Er liegt in dem Verfahren, das jene Gruppen konstituiert. Dort entsteht im Verstehen ein geistiges Objekt, hier im Erkennen der physische Gegenstand.

Und jetzt dürfen wir auch das Wort »Geisteswissenschaften« aussprechen. Sein Sinn ist nunmehr deutlich. Als seit dem 18. Jahrhundert das Bedürfnis entstand, einen gemeinsamen Namen für diese Gruppe von Wissenschaften zu finden, sind sie als sciences morales oder als Geisteswissenschaften oder endlich als Kulturwissenschaften bezeichnet worden. Schon dieser Wechsel der Namen zeigt, daß keiner derselben dem ganz anmessen ist, was bezeichnet werden soll. An dieser Stelle soll nur der Sinn angegeben werden, in dem ich hier das Wort gebrauche. Es ist derselbe, in welchem Montesquieu vom Geist der Gesetze, Hegel vom objektiven Geist oder Ihering vom Geist des römischen Rechts gesprochen hat. Eine Vergleichung des Ausdruckes mit den anderen bisher angewandten in bezug auf ihre Brauchbarkeit ist erst an einer späteren Stelle möglich.

4.

Nun erst können wir aber auch der letzten Anforderung genügen, welche die Wesensbestimmung der Geisteswissenschaften an uns stellt. Wir können jetzt durch ganz klare Merkmale die Geisteswissenschaften abgrenzen von den Naturwissenschaften. Diese liegen in dem dargelegten Verhalten des Geistes, durch welches im Unterschiede von dem naturwissenschaftlichen Erkennen der Gegenstand der Geisteswissenschaften gebildet wird. Die Menschheit wäre, aufgefaßt in Wahrnehmung und Erkennen, für uns eine physische Tatsache, und sie wäre als solche nur dem naturwissenschaftlichen Erkennen zugänglich. Als Gegenstand der Geisteswissenschaften entsteht sie aber nur, sofern menschliche Zustände erlebt werden, sofern sie in Lebensäußerungen zum Ausdruck gelangen und sofern diese Ausdrücke verstanden werden. Und zwar umfaßt dieser Zusammenhang von Leben, Ausdruck und Verstehen nicht nur die Gebärden, Mienen und Worte, in denen Menschen sich mitteilen, oder die dauernden geistigen Schöpfungen, in denen die Tiefe des Schaffenden sich dem Auffassenden öffnet, oder die beständigen Objektivierungen des Geistes in gesellschaftlichen Gebilden, durch welche die Gemeinsamkeit menschlichen Wesens hindurchscheint und uns beständig anschaulich und gewiß ist: auch die psychophysische Lebenseinheit ist sich selbst bekannt durch dasselbe Doppelverhältnis von Erleben und Verstehen, sie wird ihrer selbst in der Gegenwart inne, sie findet sich wieder in der Erinnerung als ein Vergangenes; aber indem sie ihre Zustände festzuhalten und zu erfassen strebt, indem sie die Aufmerksamkeit auf sich selber richtet, machen sich die engen Grenzen einer solchen introspektiven Methode der Selbsterkenntnis geltend: nur seine Handlungen, seine fixierten Lebensäußerungen, die Wirkungen derselben auf andere belehrenden Menschen über sich selbst; so lernt er sich nur auf dem Umweg des Verstehens selber kennen. Was wir einmal waren, wie wir uns entwickelten und zu dem wurden, was wir sind, erfahren wir daraus, wie wir handelten, welche Lebenspläne wir einst faßten, wie wir in einem Beruf wirksam waren, aus alten verschollenen Briefen, aus Urteilen über uns, die vor langen Tagen ausgesprochen wurden. Kurz, es ist der Vorgang des Verstehens, durch den Leben über sich selbst in seinen Tiefen aufgeklärt wird, und andererseits verstehen wir uns selber und andere nur, indem wir unser erlebtes Leben hineintragen in jede Art von Ausdruck eigenen und fremden Lebens. So ist überall der Zusammenhang von Erleben, Ausdruck und Verstehen das eigene Verfahren, durch das die Menschheit als geisteswissenschaftlicher Gegenstand für uns da ist. Die Geisteswissenschaften sind so fundiert in diesem Zusammenhang von Leben, Ausdruck und Verstehen. Hier erst erreichen wir ein ganz klares Merkmal, durch welches die Abgrenzung der Geisteswissenschaften definitiv vollzogen werden kann. Eine Wissenschaft gehört nur dann den Geisteswissenschaften an, wenn ihr Gegenstand uns durch das Verhalten zugänglich wird, das im Zusammenhang von Leben, Ausdruck und Verstehen fundiert ist.

Aus diesem gemeinsamen Wesen der angegebenen Wissenschaften folgen erst alle die Eigenschaften, welche als dies Wesen konstituierend in den Erörterungen über Geisteswissenschaften oder Kulturwissenschaften oder Geschichte herausgehoben worden sind. So das besondere Verhältnis, in welchem hier das Einmalige, Singulare, Individuelle zu allgemeinen Gleichförmigkeiten steht.[3] Dann die Verbindung, welche hier zwischen Aussagen über Wirklichkeit, Werturteilen und Zweckbegriffen stattfindet.[4] Ferner: »Die Auffassung des Singularen, Individuellen bildet in ihnen so gut einen letzten Zweck als die Entwicklung abstrakter Gleichförmigkeiten«[5]. Aber mehr noch wird sich von hier aus ergeben: alle leitenden Begriffe, mit welchen diese Gruppe von Wissenschaften operiert, sind von den entsprechenden im Gebiete des Naturwissens verschieden. So ist es zunächst und zu oberst die Tendenz, von der Menschheit, von dem durch sie realisierten objektiven Geiste zurückzugehen in das Schaffende, Wertende, Handelnde, Sichausdrückende, Sichobjektivierende, samt den von ihr aus sich ergebenden Konsequenzen, die uns berechtigt, die Wissenschaften, in denen sie zum Ausdruck kommt, als Geisteswissenschaften zu bezeichnen.

II. Die Verschiedenheit des Aufbaus in den Naturwissenschaften und den Geisteswissenschaften
Historische Orientierung
1.

In den Geisteswissenschaften vollzieht sich nun der Aufbau der geschichtlichen Welt. Mit diesem bildlichen Ausdruck bezeichne ich den ideellen Zusammenhang, in welchem auf der Grundlage des Erlebens und Verstehens in einer Stufenfolge von Leistungen sich ausbreitend das objektive Wissen von der geschichtlichen Welt sein Dasein hat.

Welches ist nun der Zusammenhang, in dem eine Theorie dieser Art mit den ihr nächstverwandten Wissenschaften verbunden ist? Zunächst bedingen sich gegenseitig dieser ideelle Aufbau der geistigen Welt und das geschichtliche Wissen von dem historischen Verlauf, in dem die geistige Welt allmählich aufgegangen ist. Sie sind voneinander getrennt, aber sie haben in der geistigen Welt ihren gemeinsamen Gegenstand: hierin ist ihre innere Beziehung gegründet. Der Verlauf, in welchem das Wissen von dieser Welt sich entwickelte, gibt einen Leitfaden für das Verständnis des ideellen Aufbaus derselben, und dieser Aufbau ermöglicht ein tieferes Verständnis der Geschichte der Geisteswissenschaften.

Die Grundlage einer solchen Theorie ist dann die Einsicht in die Struktur des Wissens, in die Denkformen und wissenschaftlichen Methoden. So wird aus der logischen Theorie nur das hier Erforderliche herausgehoben. Diese Theorie selber würde unsere Untersuchung gleich an ihrem Beginn in endlose Streitigkeiten verwickeln.

Endlich besteht noch eine Beziehung dieser Lehre vom geisteswissenschaftlichen Aufbau zu der Kritik des Erkenntnisvermögens. Indem man diese Beziehung aufzuklären unternimmt, zeigt sich erst die volle Bedeutung unseres Gegenstandes. Die Kritik der Erkenntnis ist wie die Logik Analysis des vorhandenen Zusammenhanges der Wissenschaften. In der Erkenntnistheorie geht die Analysis von diesem Zusammenhang zurück zu den Bedingungen, unter denen die Wissenschaft möglich ist. Hier tritt uns nun aber ein Verhältnis entgegen, das für den Gang der Erkenntnistheorie und ihre heutige Lage bestimmend ist. Die Naturwissenschaften waren zuerst der Gegenstand, an dem diese Analyse sich vollzog. Lag es doch im Gang der Wissenschaften, daß sich die Naturerkenntnis zunächst ausbildete. Die Geisteswissenschaften sind erst im vorigen Jahrhundert in ein Stadium getreten, das ihre Verwertung für die Erkenntnistheorie möglich machte. So kommt es, daß das Studium des Aufbaus dieser beiden Klassen von Wissenschaften der zusammenhängenden erkenntnistheoretischen Grundlegung zur Zeit angemessen vorausgeht: es bereitet im ganzen wie an einzelnen Punkten die zusammenhängende Erkenntnistheorie vor. Es steht unter dem Gesichtspunkt des Erkenntnisproblems und arbeitet an seiner Auflösung.

2.

Als die neueren europäischen Völker, mündig geworden in Humanismus und Reformation, seit der zweiten Hälfte des 16. Jahrhunderts aus dem Stadium der Metaphysik und Theologie in das selbständiger Erfahrungswissenschaften eintraten, vollzog sich dieser Fortgang vollkommener als einst seit dem 3. Jahrhundert vor Christus in den griechischen Bevölkerungen. Auch dort lösten sich Mathematik, Mechanik, Astronomie und mathematische Geographie von der Logik und Metaphysik los; sie traten nach dem Verhältnis der Abhängigkeit voneinander in einen Zusammenhang: aber in diesem Aufbau der Naturwissenschaften erhielten Induktion und Experiment noch nicht ihre wahre Stellung und Bedeutung und entfalteten sich noch nicht in ihrer ganzen Fruchtbarkeit. Erst in den sklavenlosen Industrie- und Handelsstädten der modernen Nationen sowie an den Höfen, Akademien und Universitäten ihrer großen geldbedürftigen Militärstaaten entwickelten sich zielbewußter Eingriff in die Natur, mechanische Arbeit, Erfindung, Entdeckung, Experiment mächtiger; sie verbanden sich mit der mathematischen Konstruktion, und so entstand eine wirkliche Analysis der Natur. Nun bildete sich in dem Zusammenwirken von Kepler, Galilei, Bacon und Descartes in der ersten Hälfte des 17. Jahrhunderts die mathematische Naturwissenschaft als Erkenntnis der Ordnung der Natur nach Gesetzen. Und durch eine beständig zunehmende Zahl von Forschern hat sie noch in demselben Jahrhundert ihre ganze Leistungsfähigkeit entfaltet. Sie also war der Gegenstand, dessen Analysis die Erkenntnistheorie des ausgehenden 17. und 18. Jahrhunderts in Locke, Berkeley, Hume, d'Alembert, Lambert und Kant ganz überwiegend vollzogen hat.

Der Aufbau der Naturwissenschaften ist durch die Art bestimmt, wie ihr Gegenstand, die Natur, gegeben ist. Bilder treten in beständigem Wechsel auf, sie werden auf Gegenstände bezogen, diese Gegenstände erfüllen und beschäftigen das empirische Bewußtsein, und sie bilden das Objekt der beschreibenden Naturwissenschaft. Aber schon das empirische Bewußtsein bemerkt, daß die sinnlichen Qualitäten, die an den Bildern auftreten, von dem Standpunkt der Betrachtung, von der Entfernung, von der Beleuchtung abhängig sind. Immer deutlicher zeigen Physik und Physiologie die Phänomenalität dieser sinnlichen Qualitäten. Und so entsteht nun die Aufgabe, die Gegenstände so zu denken, daß der Wechsel der Phänomene und die in diesem Wechsel immer deutlicher hervortretenden Gleichförmigkeiten begreiflich werden. Die Begriffe, durch welche dies geschieht, sind Hilfskonstruktionen, welche das Denken zu diesem

Zweck schafft. So ist die Natur uns fremd, dem auffassenden Subjekt transzendent, in Hilfskonstruktionen vermittels des phänomenal Gegebenen zu diesem hinzugedacht.

Aber zugleich liegen in dieser Art, wie die Natur uns gegeben ist, die Mittel, sie dem Denken zu unterwerfen und den Aufgaben des Lebens dienstbar zu machen. Die Artikulation der Sinne bedingt die Vergleichbarkeit der Eindrücke in jedem System sinnlicher Mannigfaltigkeit. Hierauf beruht die Möglichkeit einer Analysis der Natur. In den einzelnen Kreisen einander zugehöriger Sinnesphänomene bestehen dann Regelmäßigkeiten in der Abfolge oder in den Beziehungen des Gleichzeitigen. Indem diesen Regelmäßigkeiten unveränderliche Träger des Geschehens unterlegt werden, werden sie zurückgeführt auf eine Ordnung nach Gesetzen in der gedachten Mannigfaltigkeit der Dinge.

Die Aufgabe wird doch erst lösbar, indem zu den Regelmäßigkeiten in den Phänomenen, welche die Induktion und das Experiment feststellen, eine weitere Beschaffenheit des Gegebenen hinzutritt. Alles Physische hat eine Größe: es kann gezählt werden; es erstreckt sich in der Zeit; zu seinem größten Teil erfüllt es zugleich einen Raum und kann gemessen werden; am Räumlichen treten nun meßbare Bewegungen auf, und wenn die Phänomene des Gehörs Raumerstreckung und Bewegung nicht in sich schließen, so können doch solche ihnen unterlegt werden, und die Verbindung der starken Schalleindrücke mit der Wahrnehmung von Erschütterungen der Luft führt darauf hin. So werden die mathematische und mechanische Konstruktion Mittel, alle Sinnesphänomene durch Hypothese auf Bewegungen unveränderlicher Träger derselben nach unveränderlichen Gesetzen zurückzuführen. Jeder Ausdruck wie: Träger des Geschehens, Etwas, Tatsache, Substanz bezeichnet nur die der Erkenntnis transzendenten logischen Subjekte, von denen die gesetzlichen, mathematischen und mechanischen Beziehungen prädiziert werden. Sie sind nur Grenzbegriffe, ein Etwas, das naturwissenschaftliche Aussagen möglich macht, ein Ansatzpunkt zu solchen Aussagen.

Hierdurch ist nun weiter die Struktur und der Aufbau der Naturwissenschaften bestimmt.

In der Natur sind. Raum und Zahl als Bedingungen der qualitativen Bestimmungen und der Bewegungen gegeben und Bewegung ist dann die allgemeine Bedingung für die Umlagerung von Teilen oder die Schwingungen der Luft oder des Äthers, welche Chemie und Physik den Veränderungen unterlegen. Diese Verhältnisse haben die Beziehungen der Wissenschaften im Naturerkennen zur Folge. Jede dieser Wissenschaften hat in der vorhergehenden ihre Voraussetzungen; sie kommt aber zustande, indem diese Voraussetzungen auf ein neues Gebiet von Tatsachen und von in ihnen enthaltenen Beziehungen angewandt werden. Diese natürliche Ordnung der Wissenschaften ist, soweit ich sehe, zuerst von Hobbes festgestellt worden. Der

Gegenstand der Naturwissenschaft – Hobbes geht bekanntlich weiter und schließt auch die Geisteswissenschaften in diesen Zusammenhang ein – sind nach ihm die Körper, ihre am meisten fundamentale Eigenschaft sind die Beziehungen von Raum und Zahl, welche die Mathematik feststellt. Von ihnen ist die Mechanik abhängig, und indem Licht, Farbe, Ton, Wärme aus den Bewegungen der kleinsten Teile der Materie erklärt werden, entsteht die Physik. Dies ist das Schema, das entsprechend dem weiteren Verlauf der wissenschaftlichen Arbeit fortgebildet und durch Comte mit der Geschichte der Wissenschaften in Beziehung gesetzt worden ist. Je mehr die Mathematik das grenzenlose Gebiet freier Gebilde erschlossen hat, überschritt sie immer weiter die Schranken ihrer nächsten Aufgabe, die Naturwissenschaften zu begründen; aber dies änderte nichts an dem in den Gegenständen selber enthaltenen Verhältnis, nach welchem in der Gesetzlichkeit von Raum- und Zahlgrößen die Voraussetzungen der Mechanik enthalten sind; es erweiterten sich durch die Fortschritte der Mathematik nur die Ableitungsmöglichkeiten. Dasselbe Verhältnis besteht zwischen der Mechanik und der Physik und Chemie. Und auch wo der lebende Körper als ein neuer Tatsacheninbegriff auftritt, hat sein Studium in den chemisch-physikalischen Wahrheiten seine Grundlage. Überall derselbe schichtenweise Aufbau der Naturwissenschaften. Jede dieser Schichten bildet ein in sich geschlossenes Gebiet, und zugleich ist jede von der unter ihr liegenden Schicht getragen und bedingt. Von der Biologie abwärts enthält jede Naturwissenschaft die gesetzlichen Verhältnisse, welche die Schichten von Wissenschaften unter ihr aufzeigen, in sich, bis zu der allgemeinsten mathematischen Grundlage, und aufwärts kommt etwas, das in der vorauflegenden wissenschaftlichen Schicht nicht enthalten war, in jeder darüberliegenden als eine weitere und von unten angesehen neue Tatsächlichkeit hinzu.

Von der Gruppe der Naturwissenschaften, in der die Naturgesetze zur Erkenntnis kommen, ist die andere derjenigen unterschieden, welche die Welt als Einmaliges nach ihrer Gliederung beschreiben, ihre Evolution im Zeitverlauf feststellen und zur Erklärung ihrer Verfassung unter der Voraussetzung einer ursprünglichen Anordnung die in der ersten Gruppe gewonnenen Naturgesetze anwenden. Soweit sie über Feststellung, mathematische Bestimmung, Beschreibung der tatsächlichen Verfassung und des historischen Verlaufs hinausgehen, beruhen sie auf der ersten Gruppe. So ist auch hier die Naturforschung vom Aufbau des naturgesetzlichen Erkennens abhängig.

Indem nun die Erkenntnistheorie zunächst in diesem Aufbau der Naturwissenschaften ihr vornehmstes Objekt hatte, entstand hieraus der Zusammenhang ihrer Probleme. Das Denksubjekt und die vor ihm stehenden Sinnesgegenstände sind voneinander getrennt; die Sinnesgegenstände haben einen phänomenalen Charakter, und soweit die Erkenntnistheorie im Gebiet des Naturwissens verbleibt, kann sie niemals diese Phänomenalität der ihr hier gegenüberstehenden Wirklichkeit überwinden.

In der von den Naturwissenschaften den Sinnesphänomenen untergelegten Ordnung nach Gesetzen sind die sinnlichen Qualitäten durch Formen der Bewegung repräsentiert, die sich auf diese Qualitäten beziehen. Und auch wenn die Sinnestatsachen, mit deren Hinnähme und Repräsentation das Naturwissen begann, zum Gegenstand der vergleichenden Physiologie werden, kann doch keine entwicklungsgeschichtliche Untersuchung faßbar machen, wie eine dieser Sinnesleistungen in die andere übergeht. Man kann eine solche Umwandlung der Hautempfindung in eine Ton- oder Farbenempfindung wohl postulieren, aber man kann sie schlechterdings nie vorstellen. Es gibt kein Verständnis dieser Welt, und wir können Wert, Bedeutung, Sinn in sie nur nach Analogie mit uns selbst übertragen, und nur von da ab, wo Seelenleben in der organischen Welt sich zu regen beginnt. Es folgt dann aus dem Aufbau der Naturwissenschaften, daß hier die Definitionen und Axiome, die seine Grundlage bilden, der Charakter der Notwendigkeit, der ihnen eigen ist, und das Kausalgesetz für die Erkenntnistheorie eine besondere Bedeutung gewinnen.

Und indem der Aufbau der Naturwissenschaften eine doppelte Interpretation gestattete, entwickelten sich hieraus, vorbereitet von erkenntnis-theoretischen Richtungen des Mittelalters, zwei Richtungen der Erkenntnistheorie, in deren jeder weitere Möglichkeiten verfolgt wurden.

Die Axiome, auf die dieser Aufbau begründet war, wurden in der einen dieser Richtungen kombiniert mit einer Logik, welche den richtigen Denkzusammen hang auf Formeln fundierte, die den höchsten Grad der Abstraktion vom Stoff des Denkens erreicht hatten. Denkgesetze und Denkformen, diese äußersten Abstraktionen, wurden als das den Zusammenhang des Wissens Begründende aufgefaßt. In dieser Richtung lag die Formulierung des Satzes vom Grunde durch Leibniz. Indem nun Kant den ganzen Bestand aus der Mathematik und Logik zusammennahm und für ihn die Bedingungen im Bewußtsein aufsuchte, entstand seine Lehre vom Apriori. Aus dieser Entstehung seiner Lehre zeigt sich so klar als möglich, daß dies Apriori in erster Linie ein Begründungsverhältnis bezeichnen will. Bedeutende Logiker wie Schleiermacher, Lotze und Sigwart haben diese Betrachtungsweise vereinfacht und umgestaltet: innerhalb derselben treten ganz verschiedene Lösungsversuche bei ihnen auf.

Die andere Richtung hat einen gemeinsamen Ausgangspunkt in den Gleichförmigkeiten, welche Induktion und Experiment aufzeigen, und der auf sie gegründeten Voraussage und Verwertbarkeit. Innerhalb dieser Richtung sind dann hier ganz verschiedene Möglichkeiten insbesondere in bezug auf die Auffassung der mathematischen und mechanischen Grundlagen der Erkenntnis von Avenarius, Mach, den Pragmatisten und Poincaré ausgebildet worden. So hat sich auch diese Richtung der Erkenntnistheorie in eine Mannigfaltigkeit hypothetischer Annahmen zersplittert.

3.

Wie die Naturwissenschaften in einer rapiden Entwicklung in der ersten Hälfte des 17. Jahrhunderts sich konstituierten, so ist auch eine Periode mäßigen Umfangs, die Wolf, Humboldt, Niebuhr, Eichhorn, Savigny, Hegel und Schleiermacher, Bopp und Jakob Grimm umspannt, für die Geisteswissenschaften grundlegend gewesen. Wir müssen den inneren Zusammenhang dieser Bewegung zu erfassen suchen. Ihre große methodische Leistung lag in der Fundierung der Geisteswissenschaften auf die geschichtlich-gesellschaftlichen Tatsächlichkeiten. Sie ermöglichte eine neue Organisation der Geisteswissenschaften, in welcher Philologie, Kritik, Geschichtschreibung, Durchführung der vergleichenden Methode in den systematischen Geisteswissenschaften und Anwendung des Entwicklungsgedankens auf alle Gebiete der geistigen Welt zum ersten Male ein inneres Verhältnis zueinander bildeten. Das Problem der Geisteswissenschaften trat damit in ein neues Stadium, und jeder Schritt zur Auflösung dieses Problems, der getan ist und weiter getan werden muß, ist von der Vertiefung in diesen neuen tatsächlichen Zusammenhang der Geisteswissenschaften abhängig, in dessen Rahmen alle späteren geisteswissenschaftlichen Leistungen bis heute fallen.

Die Entwicklung, die nun darzustellen ist, war vorbereitet durch das 18. Jahrhundert. Damals entstand die universalhistorische Auffassung der einzelnen Teile der Geschichte. Aus den Naturwissenschaften kamen die leitenden Ideen der Aufklärung, welche zuerst einen wissenschaftlich begründeten Zusammenhang in den historischen Verlauf brachten: Solidarität der Nationen mitten in ihren Machtkämpfen, der gemeinsame Fortschritt derselben, gegründet in der Allgemeingültigkeit wissenschaftlicher Wahrheiten, nach welcher diese sich beständig vermehren und gleichsam übereinander schichten, endlich die zunehmende Herrschaft des menschlichen Geistes über die Erde vermittels dieser Erkenntnis. Die großen Monarchien Europas wurden als die festen Träger dieses Fortschritts angesehen. Indem man dann auf ihrer Grundlage Industrie, Handel, Wohlstand, Zivilisation, Geschmack und Kunst zusammen mit den Wissenschaften sich entwickeln sah, wurde dieser Inbegriff von Fortschritten unter dem der Kultur zusammengefaßt, der Fortgang dieser Kultur wurde verfolgt, ihre Zeitalter wurden geschildert und Querschnitte durch sie gelegt, ihre einzelnen Seiten wurden einer getrennten Untersuchung unterworfen und in dem Ganzen jedes Zeitalters aufeinander bezogen. Voltaire, Hume, Gibbon sind die typischen Vertreter dieser neuen Betrachtungsweise. Und wenn nun in den einzelnen Seiten der Kultur eine Verwirklichung von Regeln angenommen wurde, die aus ihrer rationalen Konstruktion ableitbar seien, so bereitete sich doch allmählich von hier aus bereits eine historische Auffassung der Kulturgebiete vor.

Denn wenn die Aufklärung zunächst jeden Teil der Kultur als durch einen Zweck bestimmt und Regeln unterworfen dachte, an welche die Erreichung dieses Zwecks gebunden ist, so ist sie dann dazu fortgegangen, in vergangenen Epochen die Verwirklichung ihrer Regeln zu sehen. Arnold, Semler, Böhmer und die Kirchenrechtsschule sowie Lessing erforschen das Urchristentum und seine Verfassung als den wahren Typus der christlichen Religiosität und ihrer äußeren Ordnungen; Winckelmann und Lessing fanden ihr regelhaftes Ideal der Kunst und Dichtung in Griechenland verwirklicht. Hinter dem Studium der durch die Pflicht der Vollkommenheit gebundenen moralischen Person trat weiter in Psychologie und Dichtung der Mensch in seiner irrationalen und individuellen Realität hervor. Und wenn in der Aufklärungszeit die Idee des Fortschritts diesem ein rational bestimmbares Ziel setzte, wenn sie die früheren Stadien dieses Weges in ihrem eigenen Gehalt und Wert nicht zur Geltung gelangen ließ, wenn das Ziel des Staates von Schlözer in der Heranbildung großer Staaten mit zentralisierter und intensiver Verwaltung, Wohlfahrts- und Kulturpflege, von Kant in der Friedensgemeinschaft das Recht verwirklichender Staaten festgelegt wurde, wenn, in derselben Art, eingeschränkt durch die Ideale der Zeit, die natürliche Theologie, Winckelmann und Lessing auch anderen großen Kräften der Kultur endliche rationale Ziele vorschrieben: so revolutionierte Herder diese vom verstandesmäßigen Zweckbegriff geleitete Geschichtsschreibung durch die Anerkennung des selbständigen Wertes, den jede Nation und jedes Zeitalter derselben verwirklichen. Damit stand das 18. Jahrhundert an der Schwelle der neuen Zeit der Geisteswissenschaften. Von Voltaire und Montesquieu, Hume und Gibbon geht über Kant, Herder, Fichte der Weg zu der großen Zeit, in welcher die Geisteswissenschaften nun neben den Naturwissenschaften ihre Stellung eroberten.

Deutschland war der Schauplatz dieser Konstituierung eines zweiten Zusammenhangs von Wissenschaften. Dies Land der Mitte, der inneren Kultur, hatte von der Reformation ab die Kräfte der europäischen Vergangenheit, die griechische Kultur, das römische Rechtswesen, das ursprüngliche Christentum in sich wirksam erhalten: wie waren sie doch in dem »Lehrer Deutschlands« Melanchthon, zusammengenommen gewesen! So konnte auf deutschem Boden das vollkommenste, natürlichste Verständnis dieser Kräfte erwachsen. Die Periode, in welcher das geschah, hatte in Dichtung, Musik und Philosophie Tiefen des Lebens aufgeschlossen, zu denen keine Nation bis dahin vorgedrungen war. Solche Blütezeiten des geistigen Lebens rufen in den historischen Denkern eine größere Stärke und Mannigfaltigkeit des Erlebens, eine gesteigerte Kraft, die verschiedensten Formen des Daseins nachzuverstehen, hervor. Gerade die Romantik, mit welcher die neue Geisteswissenschaft in so enger Beziehung stand, die beiden Schlegel und Novalis voran, bildete zugleich mit einer neuen Freiheit des Lebens auch die der Vertiefung in alles Fremdeste aus. In den Schlegel erweiterte sich der Horizont des Genusses und Verständnisses über die ganze Mannigfaltigkeit der Schöpfungen in Sprache und Literatur. Sie schufen eine neue Auffassung literarischer Werke durch die Erforschung ihrer inneren Form.

Und auf dieser Idee von innerer Form, von Komposition beruhte dann die Rekonstruktion des Zusammenhanges der platonischen Werke durch Schleiermacher und später das von ihm zuerst gewonnene Verständnis der inneren Form der paulinischen Briefe. In dieser strengen Formbetrachtung lag auch ein neues Hilfsmittel der historischen Kritik. Und eben von ihr aus hat Schleiermacher in seiner Hermeneutik die Vorgänge der schriftstellerischen Produktion und des Verständnisses behandelt und hat Boeckh sie in seiner Enzyklopädie fortgebildet – ein Vorgang, der für die Entwicklung der Methodenlehre von der größten Bedeutung war.

W. v. Humboldt steht mitten unter den Romantikern, fremdartig durch die Sammlung und Geschlossenheit seiner Person im Sinne Kants und doch ihnen wiederum verwandt durch den Zug nach Genuß und Verständnis von Leben jeder Art, durch eine hierauf gegründete Philologie, durch ein Experimentieren mit den neuen Problemen der Geisteswissenschaften, dessen Tendenz ebenso systematisch war als Friedrich Schlegels Entwurf einer Enzyklopädie. Und in naher geistiger Verwandtschaft mit W. v. Humboldt ist Fr. A. Wolf, der ein neues Ideal der Philologie aufstellte, nach welchem diese, festgegründet in der Sprache, die gesamte Kultur einer Nation umspannt, um schließlich von hier aus das Verständnis ihrer größten geistigen Schöpfungen zu erreichen. In diesem Sinne sind Niebuhr und Mommsen, Boeckh und Otfried Müller, Jakob Grimm und Müllenhoff Philologen gewesen, und ein unendlicher Segen für die Geschichtswissenschaft ist von diesem strengen Begriff ausgegangen. So entstand eine methodisch begründete, das ganze Leben umfassende historische Erkenntnis der einzelnen Nationen, und das Verständnis ihrer Stellung in der Geschichte, in der die Nationalitätsidee sich ausbildete.

Von hier aus erhielt nun das Studium der ältesten zugänglichen Zeiten der einzelnen Völker erst seine wahre Bedeutung. Die schaffende Kraft derselben, die in Religion, Sitte und Recht wirksam ist, die Zurückführung derselben auf den Gemeingeist, der in diesen Zeiten in kleinen politischen Körpern bei größerer Gleichförmigkeit der Individuen sich in gemeinsamen Schöpfungen betätigt – dies waren die großen Entdeckungen der historischen Schule: sie haben ihre ganze Auffassung von der Entwicklung der Nationen bedingt.

Und für solche von Mythos und Sage erfüllten Zeiten wurde die historische Kritik die notwendige Ergänzung des Verständnisses. Auch hier war Fr. A. Wolf der Führer. Indem er die homerischen Gedichte untersuchte, gelangte er zu der Annahme, daß die epische Dichtung der Griechen vor der Entstehung unserer Ilias und Odyssee in mündlichem Vortrag und sonach aus kleineren Gebilden entstanden wäre. Dies war der Anfang einer zerlegenden Kritik der nationalen epischen Dichtung. In den Bahnen Wolfs ging Niebuhr von der Kritik der Überlieferung zu der Rekonstruktion der ältesten römischen Geschichte fort. Zur Annahme alter Lieder im Sinne der Homerkritik trat bei ihm als ein weiteres Prinzip für die Erklärung der Tradition die Abhängigkeit der Berichterstatter von den Parteien und das Unvermögen späterer Zeiten, ältere Verfassungsverhältnisse zu verstehen: ein Erklärungsprinzip, von dem dann Christian Baur, der große Kritiker der christlichen Überlieferung, den fruchtbarsten Gebrauch gemacht hat. Niebuhrs Kritik war so aufs engste verbunden mit dem neuen Aufbau der römischen Geschichte.

Er verstand die älteren römischen Zeiten aus der Grundanschauung von einem in Sitte, Recht, dichterischer Tradition der Geschichte wirksamen nationalen Gemeingeist, der die spezifische Struktur des bestimmten Volkes hervorbringt. Und auch hier machte sich die Einwirkung des Lebens auf die Geschichtswissenschaft geltend. Zu den philologischen Hilfsmitteln trat seine in bedeutenden Stellungen erworbene Kenntnis von Wirtschaft, Recht und Verfassungsleben und die Vergleichung analoger Entwicklungen. Savignys Anschauung der Rechtsgeschichte, die in seiner Lehre vom Gewohnheitsrecht ihren stärksten Ausdruck fand, ging von denselben Anschauungen aus. »Alles Recht entsteht auf die Weise, welche der herrschende Sprachgebrauch als Gewohnheitsrecht bezeichnet.« »Es wird erst durch Sitte und Volksglaube, dann durch Jurisprudenz erzeugt; überall also durch innere, stillwirkende Kräfte, nicht durch die Willkür eines Gesetzgebers.« Und damit waren Jakob Grimms große Konzeptionen von der Entwicklung des deutschen Geistes in Sprache, Recht und Religion in Übereinstimmung. Hieraus ergab sich nun eine weitere Entdeckung dieser Epoche.

Das natürliche System der Geisteswissenschaften sah in Religion, Recht, Sittlichkeit, Kunst nach dem Sinne der Aufklärung einen Fortschritt aus barbarischer Regellosigkeit zu einem vernünftigen Zweckzusammenhang, der in der Menschennatur begründet ist. Denn in der Menschennatur liegen nach diesem System gesetzliche Verhältnisse, in festen Begriffen darstellbar, die überall gleichförmig dieselben Grundlinien des wirtschaftlichen Lebens, der rechtlichen Ordnung, des moralischen Gesetzes, des Vernunftglaubens, der ästhetischen Regeln erwirken. Indem die Menschheit sie sich zum Bewußtsein bringt und ihnen ihr Leben in Wirtschaft, Recht, Religion und Kunst zu unterwerfen strebt, wird sie mündig und sie wird immer fähiger, den Fortschritt der Gesellschaft durch wissenschaftliche Einsicht zu leiten. Aber was in den Naturwissenschaften gelungen war, die Aufstellung eines allgemeingültigen Begriffssystems, sollte sich nun als in den Geisteswissenschaften unmöglich erweisen. Die verschiedene Natur des Gegenstandes auf den beiden Gebieten des Wissens machte sich geltend. Und so ging dieses natürliche System an seiner Zersplitterung in verschiedene Richtungen, die doch die gleiche wissenschaftliche Fundierung – oder denselben Mangel einer solchen – hatten, zugrunde. Die große Epoche der Geisteswissenschaften hat nun im Kampf mit dem Begriffssystem des 18. Jahrhunderts den historischen Charakter der Wissenschaften von Wirtschaft, Recht, Religion und Kunst zur Geltung gebracht. Sie entwickeln sich aus der schaffenden Kraft der Nationen.

Eine neue Anschauung der Geschichte erhob sich damit. Schleiermachers Reden über die Religion haben die Bedeutung des Gemeinschaftsbewußtseins und seines Ausdrucks in der vom Gemeinschaftsbewußtsein getragenen Mitteilung zuerst im Reiche der Religiosität entdeckt. Auf dieser Entdeckung beruht seine Auffassung des Urchristentums, seine Evangelienkritik und seine Entdeckung des Subjektes der Religiosität, der religiösen Aussagen und des Dogmas im Gemeindebewußtsein, wie sie den Standpunkt seiner Glaubenslehre ausmacht. Wir wissen jetzt[6], wie unter der Einwirkung der Reden über Religion Hegels Begriff des Gesamtbewußtseins als des Trägers der Geschichte, dessen Fortrücken die Entwicklung in der Geschichte ermöglicht, entstanden ist. Nicht ohne Einwirkung von der philosophischen Bewegung her gelangte die historische Schule zu einem verwandten Ergebnis, indem sie auf die älteren Zeiten der Völker zurückging und hier den schöpferisch wirksamen Gemeingeist fand, der den Nationalbesitz von Sitte, Recht, Mythos, epischer Dichtung hervorbringt und von welchem dann die ganze Entwicklung der Nationen bestimmt ist. Sprache, Sitte, Verfassung, Recht – so formulierte Savigny[7] diese Grundanschauung – »haben kein abgesondertes Dasein, es sind nur einzelne Kräfte und Tätigkeiten des einen Volkes, in der Natur untrennbar verbunden.« »Was sie zu einem Ganzen verknüpft, ist die gemeinsame Überzeugung des Volkes.« »Diese Jugendzeit der Völker ist arm an Begriffen, aber sie genießt ein klares Bewußtsein ihrer Zustände und Verhältnisse, sie fühlt und durchlebt diese ganz und vollständig.« Dieser »klare, naturgemäße Zustand bewährt sich vorzüglich auch im bürgerlichen Rechte«. Der Körper desselben sind »symbolische Handlungen, wo Rechtsverhältnisse entstehen oder untergehen sollen«. »Ihr Ernst und ihre Würde entspricht der Bedeutsamkeit der Rechtsverhältnisse selbst.« Sie sind »die eigentliche Grammatik des Rechts in dieser Periode«. Die Entwicklung des Rechts vollzieht sich in einem organischen Zusammenhang; »bei steigender Kultur sondern sich alle Tätigkeiten des Volkes immer mehr, und was sonst gemeinschaftlich betrieben wurde, fällt jetzt einzelnen Ständen anheim«; der abgesonderte Stand der Juristen entsteht; er repräsentiert das Volk in seiner Rechtsfunktion; die Begriffsbildung wird nun das Werkzeug der Rechtsentwicklung: sie erfaßt leitende Grundsätze, d.h. Bestimmungen, in denen die übrigen gegeben sind; auf ihrer Auffindung beruht der wissenschaftliche Charakter der Jurisprudenz, und die Jurisprudenz wird immer mehr Grundlage der Fortbildung des Rechts durch die Gesetzgebung. Eine analoge organische Entwicklung hat Jakob Grimm in der Sprache nachgewiesen. In einer großen

Kontinuität hat sich von hier aus das Studium der Nationen und der verschiedenen Seiten ihres Lebens entwickelt.

Mit diesem großen Blick der historischen Schule verband sich dann ein methodischer Fortschritt von der höchsten Bedeutung. Von der aristotelischen Schule ab hatte die Ausbildung der vergleichenden Methoden in der Biologie der Pflanzen und Tiere den Ausgangspunkt für deren Anwendung in den Geisteswissenschaften gebildet. Durch diese Methode war die antike politische Wissenschaft zur höchstentwickelten Disziplin der Geisteswissenschaften im Altertum erhoben worden. Indem nun die historische Schule die Ableitung der allgemeinen Wahrheiten in den Geisteswissenschaften durch abstraktes konstruktives Denken verwarf, wurde für sie die vergleichende Methode das einzige Verfahren, zu Wahrheiten von größerer Allgemeinheit aufzusteigen. Sie wandte dies Verfahren auf Sprache, Mythos, nationale Epik an, und die Vergleichung des römischen mit dem germanischen Recht, dessen Wissenschaft eben damals emporblühte, wurde der Ausgangspunkt für die Ausbildung derselben Methode auch auf dem Rechtsgebiet. Auch hier besteht ein interessantes Verhältnis zu dem damaligen Zustand der Biologie. Cuvier ging von einem Begriff der Kombination der Teile in einem tierischen Typus aus, welcher gestattete, aus den Resten untergegangener Tiere den Bau derselben zu konstruieren. Ein ähnliches Verfahren übte Niebuhr, und Franz Bopp und Jakob Grimm haben die vergleichende Methode ganz im Geist der großen Biologen auf die Sprache angewandt. Das Streben der früheren Jahre Humboldts, in das Innere der Nationen einzudringen, wurde nun endlich mit den Mitteln des vergleichenden Sprachstudiums verwirklicht. An diese Richtung hat sich dann in Frankreich der große Analytiker des Staatslebens, Tocqueville, angeschlossen: im Sinne des Aristoteles hat er Funktionen, Zusammenhang und Entwicklung der politischen Körper verfolgt. Eine einzige, ich möchte sagen morphologische Betrachtungsweise geht durch alle diese Generalisationen hindurch und führte zu Begriffen von neuer Tiefe. Die allgemeinen Wahrheiten bilden nach diesem Standpunkt nicht die Grundlage der Geisteswissenschaften, sondern ihr letztes Ergebnis.

Die Grenze der historischen Schule lag darin, daß sie zur Universalgeschichte kein Verhältnis gewann. Johann von Müllers allgemeine Geschichte, die besonders an die gerade in diesem Punkt unvollkommenen »Ideen« Herders sich anschloß, offenbarte die ganze Unzulänglichkeit der bisherigen Hilfsmittel zur Lösung dieser Aufgabe. Hier griff nun gleichzeitig mit der historischen Schule, an demselben Ort wirksam, wo sie ihren Mittelpunkt hatte, Hegel ein.

Er war eines der größten historischen Genies aller Zeiten. In der ruhigen Tiefe seines Wesens sammelte er die großen Kräfte der geschichtlichen Welt. Das Thema, an welchem seine Anschauungen sich entwickelten, war die Geschichte des religiösen Geistes. Die historische Schule hatte ein philologisch strenges Verfahren gefordert und die vergleichende Methode angewandt; Hegel schlug ein ganz anderes Verfahren ein. Unter dem Einfluß seiner religiös-metaphysischen Erlebnisse, im beständigen Verkehr mit den Quellen, überall aber von ihnen zurückgehend in die tiefste religiöse Innerlichkeit, entdeckte er eine Entwicklung der Religiosität, in welcher die niedere Stufe des religiösen Gesamtbewußtseins durch in ihr tätige Kräfte eine höhere erwirkt, in der nunmehr die frühere enthalten ist. Das 18. Jahrhundert hatte den Fortschritt der Menschheit aufgesucht, den die Zunahme der Erkenntnis der Natur und der in ihr gegründeten Herrschaft über sie herbeiführt; Hegel ergriff die Entwicklung der religiösen Innerlichkeit. Das 18. Jahrhundert erkannte in diesem Fortschritt der Wissenschaften die Solidarität des Menschengeschlechtes; Hegel entdeckte im Bereich der Religiosität ein Gesamtbewußtsein als Subjekt der Entwicklung. Die Begriffe, in denen das 18. Jahrhundert die Geschichte der Menschheit erfaßt hatte, bezogen sich auf Glück, Vollkommenheit und verstandesmäßige Zwecksetzung, die auf Verwirklichung dieser Ziele gerichtet ist; Hegel war mit ihm einverstanden in der Intention, durch ein allgemeingültiges System von Begriffen menschliches Dasein nach seinen verschiedenen Seiten auszudrücken; aber vernichtender als er hat auch die historische Schule nicht die verstandesmäßige Auffassung der menschlich-geschichtlichen Wirklichkeit bekämpft; das Begriffssystem, das er suchte, sollte nicht die Seiten des Lebens abstrakt formulieren und regeln: er erstrebte einen neuen Zusammenhang der Begriffe, in welchem die Entwicklung in ihrem ganzen Umfang begreiflich würde. Er erweiterte sein Verfahren über die religiöse Entwicklung hinaus in die der Metaphysik und von ihr aus auf alle Lebensgebiete, und das Reich der Geschichte wurde sein Gegenstand. Überall suchte er hier Tätigkeit, Fortgang, und dieser hat an jedem Punkt in den Beziehungen der Begriffe sein Wesen. Geschichtswissenschaft ging so in Philosophie über. Diese Umwandlung wurde möglich, weil die deutsche Spekulation der Zeit dem Problem der geistigen Welt entgegenkam. Kants Analysis hatte in den Tiefen des Bewußtseins Formen der Intelligenz, wie sinnliche Anschauung, Kategorien, Schemata der reinen Verstandesbegriffe, Reflexionsbegriffe, theoretische Vernunftideen, Sittengesetz, Urteilskraft aufgefunden, und er hatte ihre Struktur bestimmt. Jede dieser Formen der Intelligenz war im Grunde Tätigkeit. Aber dies trat doch erst ganz hervor, als Fichte in Setzung, Entgegensetzung, Zusammenfassung die Welt des Bewußtseins entstehen ließ – überall darin Energie, Fortschreiten aufdeckend. Da nun Geschichte im Bewußtsein sich realisiert, so muß nach Hegel in ihr dasselbe Zusammenwirken von Tätigkeiten wiedergefunden werden, das in Setzen, Entgegensetzen und in höherer Einheit im überindividuellen Subjekt Entwicklung möglich macht. Damit war die Grundlage für die Aufgabe Hegels geschaffen, die Gestalten des Bewußtseins in Begriffen darzustellen und die Entwicklung des Geistes durch sie hindurch als ein System begrifflicher Beziehungen zu erfassen.

Eine höhere Logik gegenüber der des Verstandes sollte diese Entwicklung begreiflich machen: sie war das schwerste Werk seines Lebens. Den Leitfaden für die Stufenfolge der Kategorien entnahm er Kant, dem großen Entdecker der verschiedenen Beziehungsordnungen, ich möchte sagen Strukturformen des Wissens. Die Realisierung dieses Ideenzusammenhanges in der Wirklichkeit hatte dann nach Hegel ihren Höhepunkt in der Weltgeschichte. So hat er die geschichtliche Welt intellektualisiert. Im Gegensatz gegen die historische Schule hat er die allgemeingültige Begründung der systematischen Geisteswissenschaft in dem Vernunftsystem gefunden, das der Geist verwirklicht, ja mehr als das – er hat alles, was der Rationalismus des 18. Jahrhunderts als individuelles Dasein, besondere Gestalt des Lebens, Zufall und Willkür aus dem Vernunftzusammenhang ausschloß, durch die Mittel der höheren Logik der Systematik der Vernunft eingeordnet.

Aus dem Zusammenwirken aller dieser Momente ist Rankes Verständnis der geschichtlichen Welt hervorgegangen.

Er war ein großer Künstler. Leise, stetig, ohne Kampf entsteht in ihm seine Anschauung der »unbekannten Weltgeschichte« Goethes kontemplative Lebensstimmung und dessen künstlerischer Standpunkt der Welt gegenüber ergreift in ihm die Geschichte als ihren Gegenstand. So will er nur darstellen, was gewesen ist. In reiner Treue und mit der vollendeten Technik der Kritik, die er Niebuhr verdankte, bringt er das, was die Archive und die Literatur enthalten, zum Ausdruck. Diese Künstlernatur hat kein Bedürfnis, in den hinter dem Geschehen liegenden Zusammenhang der Faktoren der Geschichte zurückzugehen, wie es die großen Forscher der historischen Schule getan hatten: sie fürchtete, in solchen Tiefen nicht nur ihre Sicherheit, sondern auch ihre Freude an der im Licht der Sonne sich bewegenden Mannigfaltigkeit der Erscheinungen zu verlieren, wie dies Niebuhr geschehen war. Er bleibt vor der Analyse und dem begrifflichen Denken über die Zusammenhänge, die in der Geschichte zusammenwirken, stehen. Das ist die Grenze seiner Geschichtsschreibung. Noch weniger behagte ihm die farblose begriffliche Ordnung der historischen Kategorien in Hegels Auffassung der geschichtlichen Welt. »Was hat mehr Wahrheit«, äußert er sich, »was führt uns näher zur Erkenntnis des wesentlichen Seins, das Verfolgen spekulativer Gedanken oder das Ergreifen der Zustände der Menschheit, aus denen doch immer die uns eingeborene Sinnesweise lebendig heraustritt? Ich bin für das letztere, weil es dem Irrtum weniger unterworfen ist.« Das ist der erste neue Zug in Ranke: er zuerst brachte ganz zum Ausdruck, daß die Grundlage alles historischen Wissens und ein höchstes Ziel desselben die Darstellung des singularen Zusammenhanges der Geschichte ist – ein Ziel wenigstens: denn Rankes Grenze lag darin, daß er ausschließlich in diesem Einen sein Ziel sah – ohne doch andere Ziele zu verurteilen. Hier schieden sich die Richtungen.

In seiner dichterischen Stimmung gegenüber der geschichtlichen Welt hat er das Schicksal, die Tragik des Lebens, allen Glanz der Welt und das hohe Selbstgefühl des Wirkens aufs stärkste empfunden und zum Ausdruck gebracht. In dieser Verwebung des der Dichtung eigenen Bewußtseins vom Leben mit der Geschichte ist er Herodot, seinem Vorbild Thukydides, Joh. Müller und Carlyle verwandt. Der Blick auf das Leben wie von einem hohen Ort aus, der es ganz überschauen läßt, war in dieser Goethe so nahestehenden Natur notwendig verbunden mit der Auffassung des Geschichtlichen von einem das Ganze desselben überblickenden Standpunkt. Sein Horizont war die Universalgeschichte; er faßte jeden Gegenstand unter diesem Gesichtspunkt; darin stimmte er mit der ganzen Entwicklung der Geschichtschreibung von Voltaire bis Hegel und Niebuhr überein; doch lag ein weiterer ihm eigener Zug in der Art, wie er aus dem Zusammen- und Gegeneinanderwirken der Nationen neue Einblicke über die Beziehungen zwischen politischem Machtstreben, innerer Staatsentwicklung und geistiger Kultur gewonnen hat. Dieser universalhistorische Gesichtspunkt reicht bei ihm weit in seine Jugend zurück; er spricht einmal von seiner »alten Absicht, die Mär der Weltgeschichte aufzufinden, jenen Gang der Begebenheiten und Entwicklungen unseres Geschlechts, der als ihr eigentlicher Inhalt, als ihre Mitte und als ihr Wesen anzusehen ist«. Universalgeschichte war der Lieblingsgegenstand seiner Vorlesungen; immer blieb ihm der Zusammenhang seiner einzelnen Arbeiten gegenwärtig, sie war auch der Gegenstand des letzten Werkes, das der mehr als Achtzigjährige unternahm.

Der Künstler in ihm verlangte die sinnliche Breite des Geschehens darzustellen. Er konnte das nur, indem er an einem besonderen Gegenstand seine universalhistorische Betrachtungsweise geltend machte. Über die Wahl dieses Gegenstands entschied dann nicht nur das Interesse, mit dem ihn die venezianischen Gesandtschaftsberichte gefangennahmen, sondern auch sein Sinn für das offen an der Sonne Zutageliegende und ein innerer Zug der Sympathie zu der Epoche, die vom Machtstreben großer Staaten und bedeutender Fürsten erfüllt war. »Es setzt sich mir allmählich eine Geschichte der wichtigsten Momente der neueren Zeit fast ohne mein Zutun zusammen, sie bis zur Evidenz zu bringen und zu schreiben, wird das Geschäft meines Lebens sein.« So wurde der Gegenstand seiner Erzählungskunst die Ausbildung der modernen Staaten, ihr Kampf um die Macht, die Rückwirkung desselben auf ihre inneren Zustände, in einer Folge von Nationalgeschichten.

In diesen Werken äußert sich ein Wille und eine Kraft zu geschichtlicher Objektivität ohnegleichen. Das universale Mitfühlen der historischen Werte, die Freude an der Mannigfaltigkeit der geschichtlichen Erscheinungen, die allseitige Empfänglichkeit für alles Leben, wie sie Herder erfüllte, wie sie in Joh. Müller bis zur Ohnmacht des empfänglichen Geistes gegenüber den geschichtlichen Kräften wirksam war – diese eigenste Fähigkeit des deutschen Geistes erfüllt Ranke ganz. Er arbeitete nicht ohne

Einwirkung Hegels, aber vor allem doch im Gegensatz zu ihm; hat er doch überall Mittel von rein historischer Art ausgebildet, den unendlichen Reichtum des Geschehens in einen objektiven historischen Zusammenhang zu bringen, ohne doch zu philosophischer Geschichtskonstruktion zu greifen. Hierin offenbart sich uns der eigenste Grundzug seiner Geschichtschreibung. Wirklichkeit will sie erfassen, wie sie ist. Ihn erfüllte jener Wirklichkeitssinn, der allein einen Aufbau der geschichtlichen Welt in den Geisteswissenschaften schaffen kann. Niemand hat, im Gegensatz zu den an die Historiker oft gestellten Anforderungen, direkt auf das Leben zu wirken durch Stellungnahme in dessen Kämpfen, so erfolgreich als Ranke den Charakter der Geschichte als einer objektiven Wissenschaft vertreten. Wir können nur dann eine wahre Wirkung auf die Gegenwart ausüben, wenn wir von derselben zunächst absehen und uns zu freier objektiver Wissenschaft erheben. Dies Ziel führte dann auch in Ranke zur Ausbildung aller Mittel der Kritik. Der Geist Niebuhrs lebte in ihm fort, wie der kritische Anhang zu seinem ersten Hauptwerk am besten zeigt.

Neben Ranke eröffnen zwei andere große Historiker der Zeit neue Blicke in den Aufbau der geschichtlichen Welt.

Carlyle zeigt denselben unaufhaltsamen Willen, in die Wirklichkeit zu dringen, von einer anderen Seite. Er sucht den geschichtlichen Menschen – den Helden. Wenn Ranke ganz Auge ist, in der gegenständlichen Welt lebt, beruht Carlyles Geschichtschreibung auf dem Ringen mit dem Problem des inneren Lebens; so ergänzen sich diese beiden, wie die beiden Richtungen der Poesie, deren eine vom Gegenständlichen und die andere von der Entwicklung des eigenen Wesens ausgeht. Den Kampf, den Carlyle in sich durchgemacht hatte, verlegte er in die Geschichte. Sein selbstbiographischer philosophischer Roman ist daher der Schlüssel für seine Geschichtschreibung. Seine einseitige und ganz singulare Genialität war von intuitiver Art. Alles Große entsteht nach ihm aus dem Wirken der verbindenden und organisierenden Kräfte des Glaubens und der Arbeit. Sie schaffen die äußeren Formen der Gesellschaft in Wirtschaftsleben, Recht und Verfassung. Die Epochen, in denen die verbindenden Kräfte selbständig, aufrichtig, verknüpfend wirksam sind, nennt er positive Zeitalter – eine Bezeichnung, in der ihm die Physiokraten vorausgegangen waren. Nachdem die positiven Zeitalter auf der Grundlage des Glaubens einen festen Bestand von Institutionen hervorgebracht haben, löst das fortschreitende Denken diesen Gehalt auf, und die negativen Zeiten brechen nun an. Die Verwandtschaft dieser Grundanschauung mit der deutschen historischen Schule und Schellings Geschichtsphilosophie ist unverkennbar. Carlyles intuitiver Geist entfaltet aber seine größte Macht erst in der Anwendung dieser Gedanken auf die Auffassung der großen historischen Menschen – die Gestalter des Lebens und der Gesellschaft aus dem Glauben. Tiefer als irgend jemand vor ihm hat er in ihren Seelen gelesen: die

Innerlichkeit ihres Willens vergegenwärtigt er sich in jeder ihrer Mienen, Gebärden, dem Tonfall ihrer Sprache. Der Dichter oder Denker, der Politiker oder das religiöse Genie ist nicht verständlich aus einzelnen Begabungen, sondern nur aus der einfachen Kraft, durch einen Glauben die Menschen zu verbinden und zu bezwingen. In dem allen spricht sich Fichtes Einfluß auf ihn deutlich aus.

Der dritte unter den originalen historischen Köpfen der Zeit Rankes war Tocqueville. Er ist der Analytiker unter den geschichtlichen Forschern der Zeit, und zwar unter allen Analytikern der politischen Welt der größte seit Aristoteles und Machiavelli. Wenn Ranke und seine Schule mit peinlicher Sauberkeit die Archive ausbeuteten, um das ganz Europa umspannende Geflecht diplomatischer Aktionen in der modernen Zeit zu erfassen, so dienen Tocqueville die Archive für einen neuen Zweck. Er sucht in ihnen das Zuständliche, das für das Verständnis der inneren politischen Struktur der Nationen Bedeutsame: seine Zergliederung ist auf das Zusammenwirken der Funktionen in einem modernen politischen Körper gerichtet, und er zuerst hat mit der Sorgfalt und Peinlichkeit des sezierenden Anatomen jeden Teil des politischen Lebens der in der Literatur, den Archiven und dem Leben selbst zurückgeblieben ist, für das Studium dieser inneren und dauernden Strukturverhältnisse verwertet. Er hat die erste wirkliche Analyse der amerikanischen Demokratie gegeben. Die Erkenntnis, daß in dieser »die Bewegung«, »die kontinuierliche, unwiderstehliche Tendenz« bestehe, eine demokratische Ordnung in allen Staaten hervorzubringen, erhob sich in ihm aus der Entwicklung der Gesellschaft in den verschiedenen Ländern. Diese seine Erkenntnis hat sich seitdem durch die Vorgänge in allen Teilen der Welt bestätigt. Als echter historischer und politischer Kopf sieht er in dieser Richtung der Gesellschaft weder einen Fortschritt noch etwas in jeder Hinsicht Schädliches. Die politische Kunst muß eben mit ihr rechnen und in jedem Lande die ihm gemäße politische Ordnung dieser Richtung der Gesellschaft anpassen. Und in seinem anderen Buche drang Tocqueville zuerst in den wirklichen Zusammenhang der politischen Ordnung Frankreichs im 18. Jahrhundert und der Revolution. Eine politische Wissenschaft solcher Art gestattete auch Anwendungen auf die politische Praxis. Besonders fruchtbar erwies sich seine Fortbildung des aristotelischen Satzes, daß die gesunde Verfassung jedes Staates auf dem richtigen Verhältnis der Leistungen und Rechte beruhe und die Verkehrung dieses Verhältnisses, welche Rechte in Privilegien verwandelt, die Auflösung herbeiführen müsse. Eine andere bedeutende Anwendung seiner Analysen auf die Praxis lag in der Erkenntnis der Gefahren einer überspannten Zentralisation und in der Einsicht in den Segen der Selbsttätigkeit und Selbstverwaltung. So leitete er aus der Geschichte selbst fruchtbare Generalisationen ab, und damit entstand aus einer neuen Analyse vergangener Wirklichkeiten ein neues gründlicheres Verhältnis zur gegenwärtigen.

Ich möchte sagen, daß sich in diesem ganzen Verlauf der Aufgang des geschichtlichen Bewußtseins vollzogen hat. Dies erfaßt alle Phänomene der geistigen Welt als Produkte der geschichtlichen Entwicklung. Unter seinem Einfluß wurden die systematischen Geisteswissenschaften auf Entwicklungsgeschichte und vergleichendes Verfahren gegründet. Indem Hegel den Gedanken der Entwicklung zum Mittelpunkt der Geisteswissenschaften machte, die unter dem Schema des Fortganges in der Zeit stehen, verknüpfte er durch diesen Gedanken den Rückblick in die Vergangenheit mit dem Fortschreiten in die Zukunft, in das Ideal. Die Geschichte erhielt eine neue Würde. Bis auf die Gegenwart hat das so geschaffene geschichtliche Bewußtsein in bedeutenden Historikern sich auf immer neue Gebiete und in immer neue Probleme erstreckt und es hat die Wissenschaften der Gesellschaft umgestaltet. Diese bedeutsame Entwicklung, in welcher die Tendenz, das objektive Wissen von der geistigen Welt sowohl in den Gesellschaftswissenschaften als in der Geschichte reiner und strenger herauszuarbeiten, sich emporringt im Streit mit der Herrschaft politischer und sozialer Bestrebungen, bedarf hier keiner Darstellung, da ihre Probleme die der nachfolgenden Untersuchungen selber sind.

Die Theorie soll den so entstandenen Zusammenhang der Geisteswissenschaften in Begriffen darstellen und erkenntnistheoretisch begründen. Und wenn man von Ranke ausgeht und die historische Schule mit ihm verbindet, so entsteht ein zweites Problem. Ranke verlegt in seinen großen Geschichtswerken Sinn, Bedeutung, Wert der Zeitalter und Nationen in diese selbst. Sie sind gleichsam in sich selbst zentriert. In diesen Werken wird nie an einem unbedingten Wert oder Grundgedanken oder Zweck die historische Wirklichkeit gemessen. Fragt man dann nach dem inneren Verhältnis, das in der Stufenfolge von Individuum, Gemeinsamkeit, Gemeinschaften diese Zentrierung der Geschichte in sich selbst möglich macht, so greifen hier die Studien der historischen Schule ein. Dies geschichtliche Denken selbst will erkenntnistheoretisch begründet und durch Begriffe verdeutlicht, nicht aber durch irgendeine Beziehung auf ein Unbedingtes, Absolutes ins Transzendentale oder Metaphysische umgewandelt werden.

4.

So haben vom Ende des 18. Jahrhunderts ab bis in die zweite Hälfte des 19. die Geisteswissenschaften von Deutschland aus durch die Feststellung des wahren Zusammenhanges ihrer Aufgaben allmählich das Stadium erreicht, das ermöglichte, an das logische und erkenntnistheoretische Problem derselben heranzutreten. Die geschichtliche Welt als ihr einheitlicher Gegenstand und das geschichtliche Bewußtsein als ein einheitliches Verhältnis zu ihr waren nun aufgegangen. Alle weiteren Fortschritte der Geisteswissenschaften, so bedeutend sie waren, erweiterten nur den von der Aufklärungszeit ab allmählich gewonnenen Zusammenhang, der jede geschichtliche Einzelforschung unter den universalhistorischen Standpunkt stellte, auf die so verstandene Geschichte die Geisteswissenschaften gründete und Philologie, Kritik, Geschichtschreibung, komparative Methoden und Entwicklungsgeschichte zu einem Ganzen verknüpfte. So wurde die Geschichte philosophisch, sie erhielt durch Voltaire, Montesquieu, Kant, Herder, Schiller, Hegel eine neue Würde und Bedeutung, und durch die historische Schule erhielt das Nachdenken über sie in dem dargelegten großen Zusammenhang seine Grundlage. Langsam und allmählich von damals bis heute hat die Theorie der Geschichte die Einsicht der historischen Schule in jenen Zusammenhang verwertet, und wir stehen noch mitten in der Lösung dieser Aufgabe. Aber welche Positionen auch in diesem Verlauf ergriffen wurden: alle sind sie am großen Faktum des neuen Aufbaus der Geisteswissenschaften orientiert.

Schriften über das Studium der Geschichte hatten die Entwicklung der Geschichtschreibung in der neueren Zeit immer begleitet, und ihre Zahl war in der Periode der Aufklärung in den verschiedenen Kulturländern beständig gewachsen. Insbesondere begann seit dem Ausgang des 17. Jahrhunderts der Kampf der Skepsis gegen alle Klassen des Wissens, er richtete sich auch gegen die historische Überlieferung, und hieraus sind starke Antriebe zu methodischer Betrachtung hervorgegangen. Neben den so entstandenen Arbeiten zur Begründung des historischen Wissens machten sich im Universitätsbetrieb Enzyklopädien der Geschichtswissenschaft geltend. Aber welch ein Abstand ist selbst zwischen Wachsmuths Versuch einer Theorie der Geschichte, der 1820 auf der Höhe der neuen Geschichtschreibung hervorgetreten ist, und der gleichzeitigen Schrift Humboldts, die vom Geist der neuen Geschichtschreibung ergriffen war. Hier besteht eine feste Grenze.

Die neue Theorie der Geschichte hatte naturgemäß in dem deutschen philosophischen Idealismus und in der Umwälzung der historischen Wissenschaft ihre beiden Ausgangspunkte. Von dem ersteren ist auszugehen.

Es war Kants Problem gewesen, wie ein einheitlicher Zusammenhang, »ein regelmäßiger Gang« im geschichtlichen Verlauf aufgefunden werden könne. Er fragt nicht in erkenntnistheoretischer Absicht nach den Bedingungen des in der vorhandenen Wissenschaft bestehenden Zusammenhanges, sondern seine Frage geht dahin, wie aus dem Sittengesetz, dem alles Handeln unterstellt ist, Prinzipien für die Auffassung des historischen. Stoffes a priori abgeleitet werden können. Der geschichtliche Verlauf ist ein Glied des großen Naturzusammenhanges; dieser kann aber vom Auftreten des Organischen aufwärts nicht einer Erkenntnis seiner Ordnung nach Kausalgesetzen unterworfen werden, sondern er ist nur der teleologischen Betrachtungsweise zugänglich. So verneint Kant die Möglichkeit, in Gesellschaft und Geschichte Kausalgesetze aufzufinden, er unternimmt dagegen, die Ziele des Fortschrittes, wie sie die Aufklärung in der Vollkommenheit, der Glückseligkeit, der Entwicklung unserer Fähigkeiten, unserer Vernunft, der Kultur überhaupt aufgestellt hatte, mit dem Apriori des Sittengesetzes in Verbindung zu bringen und so den Sinn und die Bedeutung des teleologischen Zusammenhanges a priori festzulegen. Damit vollzieht Kant also einfach eine Umsetzung der in der Wolffischen Schule angenommenen Pflicht zur Vollkommenheit, als des teleologischen Prinzipes für den geschichtlichen Fortschritt, in sein Apriori des Sittengesetzes. Und auch der Gegensatz der empirischen und philosophischen Wissenschaften bei Wolff kehrt wieder in dem Gegensatz der empirischen, anthropologischen Auffassung des Menschengeschlechtes und der von der praktischen Vernunft geforderten apriorischen. Die teleologische Betrachtung der Geschichte, als des Fortschrittes in der Entwicklung derjenigen Naturanlagen, die auf den Gebrauch der Vernunft abzielen, zur Herrschaft derselben in einer allgemein das Recht verwaltenden Gesellschaft, zu einer »vollkommen gerechten bürgerlichen Verfassung« als der »höchsten Aufgabe der Natur für die Menschengattung«, ist der Leitfaden a priori, durch welchen das so verworrene Spiel menschlicher Dinge erklärbar wird. Stärker als in der in ihrer Abgrenzung durch den Anlaß und »die weltbürgerliche Absicht ›eingeschränkten‹ Idee zu einer allgemeinen Geschichte « tritt es an anderen Stellen hervor, wie die rechtliche Friedensgesellschaft, welche die Machtverhältnisse überwinden soll, ihre Rechtfertigung vor der Vernunft darin hat, daß sie ein aus Pflichtanerkennung hervorgehender Zustand, nicht ein »bloßes physisches Gut« sein würde und sich durch ihren Bestand ein »großer Schritt zur Moralität« vollzöge. Kants Bedeutung auf diesem Gebiet liegt sonach zunächst darin, daß er den transzendentalen philosophischen Standpunkt, wie er und Fichte ihn begründeten, auf die Geschichte angewandt hat und damit eine dauernde Geschichtsauffassung inaugurierte, deren Wesen in der Aufstellung eines absoluten, im Wesen der Vernunft selbst begründeten Maßstabes, eines Unbedingten als Wert oder Norm liegt: sie hat ihre Kraft darin, daß sie dem Handeln die bestimmte, sich durch ihre sittliche Tendenz selbst rechtfertigende Richtung auf ein festes Ideal anwies und jeden Teil der Geschichte nach seiner Abzweckung auf die Erfüllung dieses Ideals abschätzte.

Von diesem prinzipiellen Gesichtspunkt aus ergeben sich noch weitere bedeutungsvolle Bestimmungen. Die Herrschaft der Vernunft realisiert sich nur in der Gattung. Dieses Ziel wird aber nicht durch friedliches Zusammenwirken der einzelnen erreicht. »Der Mensch will Eintracht; aber die Natur weiß besser, was für seine Gattung gut ist: sie will Zwietracht.« Sie erreicht eben durch die Bewegung der Leidenschaften, der Selbstsucht, des Widerstreites der Kräfte ihre Absicht.

Der Einfluß der Ideen Kants traf mit der Anlage und dem Lebensgang Friedr. Chr. Schlossers zusammen. In seiner Geschichtschreibung gelangte dieser Standpunkt Kants zur Geltung. Er stellte jede geschichtliche Einzelarbeit unter den universalhistorischen Standpunkt; er unterwarf die historische Persönlichkeit einem starren Moralbegriff und vernichtete so den Sinn für den Glanz des geschichtlichen Lebens und den individuellen Reiz der großen Persönlichkeit. So vermag sie den Dualismus nicht aufzulösen, der zwischen diesem moralischen Urteil und der Anerkennung der moralfreien Tendenz der Staaten zur Macht und der skrupellosen politischen Größe besteht. Wie Schlosser mit Kant den Mittelpunkt der Geschichte in der Kultur sucht, ist die kulturhistorische Betrachtung die Grundtendenz seiner Geschichtsbehandlung, und die Geschichte des geistigen Lebens ist die glänzendste Partie seiner Arbeiten: man kann wohl sagen, daß auf ihnen Gervinus' Darstellung unserer Nationalliteratur im 18. Jahrhundert in ihren Grundzügen beruht. Schlosser bringt den Wert der stillen tiefen Innerlichkeit allem Gepränge der Welt gegenüber zur Geltung und zur Anerkennung, und das Größte: seine Historie verfolgte den Zweck, sein Volk zu einer praktischen Weltanschauung zu erziehen.[8]

Der transzendentalphilosophische Standpunkt geht von dem Gegebenen zu dessen apriorischen Bedingungen. Auch Fichte hält ihn nun der Geschichtsphilosophie Hegels gegenüber fest: das Faktische, Historische kann niemals »metaphysiziert« werden, die Kluft zwischen ihm und den Ideen kann nicht durch Begriffsdichtung ausgefüllt, das Unbedingte nicht in den Fluß der Geschichte, als ein ideeller Zusammenhang desselben durch Begriffe, aufgelöst werden. Die Ideen stehen wie die Sterne über dieser Welt, die dem Menschen den Weg weisen.

Von diesem Standpunkt aus machte nun Fichte über Kant hinaus einen bedeutenden Fortschritt in der Geschichtsauffassung. Seine Entwicklung verlief von der Kantschen Aufklärung bis zu den oben skizzierten Aufgabe des geschichtlichen Bewußtseins. In der Zeit zwischen der Katastrophe von Jena und dem Beginn der Befreiungskriege erlebte er die Verlegung aller Interessen des deutschen Geistes in die geschichtliche Welt und in den Staat. In dieselbe Zeit fiel in der Wissenschaft die Hinwendung der Romantik zur Geschichte, Schellings Konstruktion der letzteren, Hegels Phänomenologie des Geistes und der Beginn seiner Logik. Dies waren die Verhältnisse, unter denen Fichte das Problem erfaßte, wie aus der ideellen Ordnung die Geschichte verständlich werde. Dagegen stellte er sich so wenig wie Kant die erkenntnistheoretische Frage, wie das in der tatsächlich bestehenden Geschichtswissenschaft enthaltene Wissen vom Zusammenhang der Geschichte möglich sei. Er unterwarf vielmehr von Anfang an die Summe der historischen Begebenheiten dem apriorischen Wertungsgesichtspunkt seines Moralprinzipes, der den Grundgedanken in allen seinen geschichts-philosophischen Untersuchungen bis zu ihrem letzten Schritt in der »Deduktion des

Gegenstandes der Menschengeschichte« bildet. Von diesem Gesichtspunkt aus erscheint die Geschichte als ein durch die Freiheitstat des absoluten Ich gegründeter und in der zeitlichen Entwicklung des Menschengeschlechtes verlaufender Zusammenhang, in welchem sich, dem göttlichen Weltplan gemäß, die »Kultivierung der Menschheit« vollzieht. »Dem Philosophen entwickelt sich das Universum der Vernunft rein aus dem Gedanken als solchen.« Und »die Philosophie ist zu Ende«, wo »das Begreifliche zu Ende ist.« Der Philosoph der Geschichte »sucht daher den ganzen Strom der Zeit hindurch nur dasjenige auf, und beruft sich darauf, wo die Menschheit wirklich ihrem Zweck entgegen sich fördert, liegen lassend und verschmähend alles andere.« Sonach wird hier von dem Gesichtspunkt eines unbedingten Wertes aus eine Auswahl des geschichtlichen Stoffes getroffen und ein Zusammenhang hergestellt. Der »empirische Historiker«, der »Annalist« dagegen geht aus von dem faktischen Dasein der Gegenwart. Deren Zustand strebt er möglichst genau zu erfassen und die Voraussetzungen ihres Eintretens in früheren Fakten aufzudecken. Seine Aufgabe ist es, die historischen Fakten sorgsam zu sammeln, ihre Abfolge und ihren Wirkungszusammenhang in der Zeit aufzuzeigen. »Die Geschichte ist bloße Empirie; nur Fakta hat sie zu liefern, und alle ihre Beweise können nur faktisch geführt werden.« Diese Feststellungen des Historikers dienen der philosophischen Deduktion nicht zum Beweise, sondern lediglich zur Erläuterung. In dem Bereiche dieser beiden Verfahrungsweisen kann allein das liegen, was Fichte einmal als »Logik der historischen Wahrheit« bezeichnet, und was also nicht eine bewußte methodologische Analyse der Geschichtswissenschaft bedeuten kann. Doch ist anzuerkennen, daß sich ihm auf dem Wege seiner teleologischen Deduktion bedeutende Gedanken ergaben. Er sonderte die Physik, die das Beharrliche und periodisch Wiederkehrende des Daseins zu ihrem Gegenstand hat, und die Geschichte, deren Objekt der Verlauf in der Zeit ist, voneinander. Dieser Verlauf ward ihm aber von seiner Wissenschaftslehre aus Entwicklung: war doch auch Hegels Entwicklungsbegriff von Fichte aus konzipiert.[9] Schon die theoretische und praktische Wissenschaftslehre wollte die innere Dialektik des realen Fortganges darstellen, wie er aus dem schöpferischen Vermögen des Ich hervorgeht; sie wollte dem Gang der Begebenheiten im Ich nachgehen und eine pragmatische Geschichte des menschlichen Geistes entwerfen. Hier war der Begriff der Entwicklung in den Bestimmungen gefunden, daß im Ich alles Tätigkeit ist, jede Tätigkeit von innen beginnt und ihr Vollzug die Bedingung der folgenden Tätigkeit ist. In der Deduktion von 1813 ringt nun Fichte mit derselben Intuition der freien Kraft im Ich im Gegensatz zur Natur, die ruhend und tot ist. Die Geschichte zeigt einen teleologisch notwendigen Zusammenhang, dessen einzelne Glieder hervorgebracht sind durch die Freiheit und deren Richtpunkt im Sittengesetz liegt. Jedes Glied dieser Reihe ist ein tatsächliches, einmaliges, individuelles. Der Wert, den Kant in die Person verlegte, sofern in ihr sich das Sittengesetz realisiert, fiel für Fichte wie für Schleiermacher in die Individualität; wenn die rationalistische Auffassung nur in dem Vollzug des allgemeinen Sittengesetzes den Wert der Person sah, und das Individuelle ihr so zu einer empirischen, zufälligen Beimischung wurde, so verband Fichte die Bedeutung des Individuellen nun tiefer mit dem Problem der Geschichte: er vereinigte mit der Richtung auf den Gattungszweck den Wert des Individuellen durch den tiefen Gedanken, daß die schöpferischen Individuen jenen Zweck von einer neuen bisher verborgenen Seite erfassen, ihm eine neue Gestalt in sich geben und daß so ihr individuelles Dasein zu einem wertvollen Moment im Zusammenhang des geschichtlichen Ganzen erhoben wird. Fichtes heroische Natur, die Aufgabe der Zeit und sein historisches Problem verbanden sich zu einer neuen Schätzung des Wertes der Tat und des handelnden Menschen. Er verstand aber zugleich das Heldentum des religiösen Sehers, des Künstlers, des Denkers. Hierin bereitete er Carlyle vor. Das Einmalige und Tatsächliche in der Geschichte erhält eine neue Bedeutung, indem es als die Leistung des schöpferischen Vermögens und der Freiheit aufgefaßt wird. Und wenn er nun die Irrationalität des Geschichtlichen von diesem Standpunkt aus begreift, so muß er dem Irrationalen selber nach dessen Wesen als Tat der Freiheit und seiner Beziehung auf Kultur und sittliche Ordnung nun einen Wert zuschreiben.

Neben diesen Theorien über Geschichte, welche den transzendental-philosophischen Standpunkt zur Geltung brachten, haben sich zu derselben Zeit schon solche von anderen Richtungen aus entwickelt, die ebenfalls eine dauernde Geltung behauptet haben. Vom Standpunkt der Naturforschung her entstanden in Frankreich und England Arbeiten, von denen sich die französischen vorwiegend auf die Evolution des Universums, die Geschichte der Erde, die Entstehung von Pflanzen und Tieren auf ihr, ferner auf die Verwandtschaft des Typus der höchsten Tiere mit dem des Menschen, endlich auf den gesetzlichen Zusammenhang der menschlichen Geschichte und die Aufzeichnung des intellektuellen und sozialen Fortschritts in ihr gründeten, die englischen dagegen die neue Assoziationspsychologie und ihre Anwendungen auf die Gesellschaft zur Grundlage nahmen. Ihre Fortentwicklung in Comte und Mill wird später dargestellt werden. Eine weitere Richtung bildeten zu derselben Zeit die deutschen Monisten, Schelling, Schleiermacher und Hegel aus, welche den geschichtlichen Verlauf einer begrifflichen Konstruktion zugänglich zu machen unternahmen.[10]

Und nun folgte seit den zwanziger Jahren in Deutschland eine Zeit, in welcher die historische Schule den Zusammenhang ihres methodischen Verfahrens entwickelt, der Idealismus seine verschiedenen Formen ausgebildet hatte und die Verbindung beider Ideenkreise die ganze geisteswissenschaftliche Literatur durchdrang. Damals sind aus der großen Bewegung der Geschichtsforschung selber mehrere Schriften über die Theorie der Geschichte hervorgegangen. Wie die geschichtlichen Studien die philosophischen Richtungen vielfach beeinflußt haben, so machte sich umgekehrt auf die historischen Denker ein erheblicher Einfluß der Transzendentalphilosophie Hegels und Schleiermachers geltend. Sie gingen auf die im Menschen wirksame schaffende Kraft zurück; sie erfaßten dieselbe in dem Gemeingeist und in den organisierten Gemeinschaften; sie suchten über das Zusammenwirken der Nationen hinaus einen im Unsichtbaren gegründeten Zusammenhang der Geschichte. Hieraus entstand nun in den allgemeinen Betrachtungen von Humboldt, Gervinus, Droysen u. a. der Begriff der Ideen in der Geschichte.

Die berühmte Abhandlung Humboldts über die Aufgabe des Geschichtsschreibers geht von dem transzendental-philosophischen Satze aus: was in der Weltgeschichte wirksam ist, bewegt sich auch im Innern des Menschen. Im Einzelmenschen liegt Humboldts Ausgangspunkt. Die Zeit suchte eine neue Kultur in der Gestaltung der Persönlichkeit; indem sie nun eine solche in der griechischen Welt verwirklicht fand, entstand das Ideal der griechischen Humanität; aber dieses erhielt in seinen wichtigsten Vertretern, wie Humboldt, Schiller, Hölderlin, Fr. Schlegel in seiner ersten Periode, durch die Transzendentalphilosophie eine neue Tiefe. Man hatte den Selbstwert der Person in der Schule von Leibniz als Vollkommenheit bestimmt, in der von Kant erschien er als Würde aus dem Selbstzweck der Person und in der von Fichte als Energie der Gestaltung: in jeder dieser Formen enthielt dieses Ideal im Hintergrund des individuellen Daseins eine allgemeingültige Regelhaftigkeit des menschlichen Wesens, seiner Gestaltung und seines Zweckes. Hierauf beruhte nun in Humboldt wie zugleich in Schleiermacher die Anschauung von der transzendentalen Einheit der menschlichen Natur in allen Individuen, auf welcher die organisierten Gemeinschaften und der Gemeingeist beruhen, die sich in Rassen, Nationen, Einzelpersonen individualisiert und die in diesen Formen als höchste bildende Kraft wirksam ist. Und indem nun die schaffende Kraft dieser sich im Individuellen verwirklichenden Menschlichkeit mit dem Unsichtbaren in Beziehung gesetzt wurde, entstand der Glaube an die Realisierung des der Menschheit eingepflanzten Ideals durch die Geschichte. »Das Ziel der Geschichte kann nur die Verwirklichung der durch die Menschen darzustellenden Idee sein, nach allen Seiten hin, und in allen Gestalten, in welchen sich die endliche Form mit der Idee zu verbinden vermag.« Hieraus ergab sich Humboldts Begriff der Ideen in der Geschichte. Sie sind schaffende Kräfte, die in der transzendentalen Allgemeingültigkeit der Menschennatur gegründet sind. Sie gehen, wie das Licht durch die irdische Atmosphäre, durch die Bedürfnisse, die Leidenschaften und den scheinbaren Zufall hindurch. Wir gewahren sie in den ewigen Urideen der Schönheit, der Wahrheit und des Rechtes; sie geben zugleich dem historischen Verlauf Kraft und Ziel; sie äußern sich als Richtungen, die unwiderstehlich die Massen ergreifen, als Krafterzeugung, die in ihrem Umfang und ihrer Erhabenheit aus den begleitenden Umständen nicht abgeleitet werden kann. Wenn der Geschichtsschreiber die Gestalt und die Umwandlungen des Erdbodens, die Veränderungen des Klimas, die Geistesfähigkeit und Sinnesart der Nationen, die noch eigentümlichere einzelner, die Einflüsse der Kunst und Wissenschaft, die tief eingreifenden und weit verbreiteten der bürgerlichen Einrichtungen durchforscht hat, so bleibt ein nicht unmittelbar sichtbares, aber mächtigeres Prinzip übrig, das jenen Kräften Anstoß und Richtung verleiht – die Ideen. Schließlich haben sie in der göttlichen Weltregierung ihren letzten Grund. Der Handelnde muß an die Tendenz, welche die Idee enthält, sich anschließen, um zu positiven historischen Wirkungen zu gelangen. Sie zu erfassen, ist auch des Geschichtsschreibers höchstes Ziel. Wie die freie Nachahmung des Künstlers von Ideen geleitet ist, so hat auch der Geschichtsschreiber über das Wirken der endlichen Kräfte am Geschehen hinaus solche Ideen zu erfassen. Er ist Künstler, der diesen unsichtbaren Zusammenhang in den Begebenheiten aufzeigt. Inmitten der großen Bewegung der Geisteswissenschaften hat Humboldt seine Abhandlung im Beginn der zwanziger Jahre veröffentlicht. Sie hat, indem sie die in jener Bewegung zusammenwirkenden Momente zum Ausdruck bringt, eine außerordentliche Wirkung ausgeübt.

Im Jahr 1837 erschienen die Grundzüge der Historik von Gervinus; sie lieferten zwar eine umfassende Kenntnis der historischen Literatur, ihrer Formen und Richtungen hinzu: ihr Kern aber war doch noch dieselbe historische Stimmung und dieselbe Grundansicht von den historischen Ideen, welche »unsichtbar Begebenheiten und äußere Erscheinung durchdringen«: die Vorsehung offenbart sich an ihnen: ihrem Wesen und Wirken nachzuspüren, ist das eigentliche Geschäft des Historikers. Auch Rankes Anschauungen über die Geschichte, die sich Hand in Hand mit seinen Arbeiten allmählich ausgebildet haben, sind Humboldt noch verwandt, erfassen aber die historische Bewegung weit lebendiger und wahrer. Die Ideen sind ihm die Tendenzen, die von der historischen Lage hervorgetrieben werden, »sie sind moralische Energien«, immer sind sie einseitig, sie verkörpern sich in den großen Persönlichkeiten und wirken durch sie: eben auf der Höhe ihrer Macht regen sich die Gegenwirkungen, und so verfallen sie dem Schicksal jeder endlichen Kraft. Sie können nicht in Begriffen ausgedrückt werden; »aber anschauen, wahrnehmen kann man sie«, wir haben ein Mitgefühl ihres Daseins. Indem Ranke dann den Verlauf der Geschichte unter den Gesichtspunkt der göttlichen Weltregierung stellt, werden sie ihm zu den »Gedanken Gottes in der Welt«. In ihnen »liegt das Geheimnis der Weltgeschichte«. In bewußtem Gegensatz zu Ranke und doch durch den gemeinsamen Idealismus der Epoche ihm innerlich verwandt ist dann die Historik von Droysen 1868 hervorgetreten. Noch tiefer als Humboldt ist Droysen durchdrungen von der Spekulation der Zeit, von dem Begriff wirkender Ideen in der Geschichte, von einer äußeren Teleologie im historischen

Zusammenhang, welche den Kosmos der sittlichen Ideen hervorbringt. Er unterstellt die Geschichte der sittlichen Ordnung der Dinge; das widersprach der unbefangenen Ansicht des wirklichen Weltlaufes; es war der Ausdruck des Glaubens an den unbedingten ideellen Zusammenhang der Dinge in Gott.

Bedeutende Blicke sind in diesen Arbeiten enthalten; Droysen zuerst hat die hermeneutische Theorie von Schleiermacher und Boeckh für die Methodik verwertet. Aber ein theoretischer Aufbau der Geisteswissenschaften ist von diesen Denkern nicht erreicht worden. Humboldt lebt in dem Bewußtsein der neuen Tiefe unserer deutschen Geisteswissenschaft, die in die Allgemeingültigkeit des Geistes zurückgeht; so erfaßt er zuerst, daß der Historiker trotz seiner Gebundenheit an den Gegenstand doch aus seinem Inneren schafft; er erkennt seine Verwandtschaft mit dem Künstler. Und alles, was in der historischen Forschung gearbeitet wurde, ist im engen Rahmen seiner Abhandlung irgendwie enthalten und zusammengenommen. Aber ihm ist auch hier die Gliederung seiner tiefen Totalanschauung versagt. Der letzte Grund hiervon ist, daß er das Problem der Geschichte nicht in Zusammenhang zu der erkenntnistheoretischen Aufgabe, die uns die Geschichte stellt, gesetzt hat; diese Frage hätte ihn zu der umfassenderen Untersuchung des Aufbaues der geschichtlichen Welt in den Geisteswissenschaften und hierdurch zur Erkenntnis der Möglichkeit des objektiven geisteswissenschaftlichen Wissens geführt. Seine Abhandlung hat schließlich zum Gegenstand, wie unter den Voraussetzungen der idealistischen Weltanschauung Geschichte aussieht und Geschichte zu schreiben ist. Seine Ideenlehre ist die Explikation dieses Standpunktes. Eben das Rückständige in der Einmischung des religiösen Glaubens und einer idealistischen Metaphysik in die historische Wissenschaft wurde für Humboldt und die Denker über Geschichte, die ihm folgten, zum Mittelpunkt der Geschichtsauffassung. Anstatt in die erkenntnistheoretischen Voraussetzungen der historischen Schule und die des Idealismus von Kant bis Hegel zurückzugehen und so die Unvereinbarkeit dieser Voraussetzungen zu erkennen, haben sie diese Standpunkte unkritisch verbunden. Der Zusammenhang zwischen den neukonstituierten Geisteswissenschaften, dem Problem einer Kritik der historischen Vernunft und dem Aufbau einer geschichtlichen Welt in den Geisteswissenschaften ist ihnen nicht aufgegangen.

Die nächste Aufgabe war, der Geschichte gegenüber eine solche rein erkenntnistheoretische und logische Fragestellung geltend zu machen und von ihr die Versuche einer philosophischen Konstruktion des geschichtlichen Verlaufes, wie sie Fichte mit seinen fünf Epochen und Hegel mit seinen Stufen der Entwicklung unternommen hatten, auszuscheiden. Jene Fragestellung mußte gesondert werden von der des Geschichtsphilosophen, um die verschiedenen Stellungen, welche der Erkenntnistheoretiker und Logiker in diesem Gebiete einnehmen können, folgerichtig durchzuführen. Von den letzten Dezennien des vorigen Jahrhunderts bis zur Gegenwart haben sich die verschiedenen Standpunkte zur Lösung der bezeichneten Aufgabe entwickelt. Früher eingenommene Positionen formten sich jetzt um; neue traten hervor: überblickt man deren Mannigfaltigkeit, so macht sich in ihnen ein oberster Gegensatz geltend. Man versuchte die Lösung der Aufgabe entweder von unserem Idealismus aus, wie er sich von Kant bis Hegel ausgebildet hatte, oder man suchte in der Realität der geistigen Welt selbst den Zusammenhang der Geschichte auf.

Von der ersten Stellung aus haben sich nun vorzüglich zwei Richtungen mit der Lösung der Aufgabe beschäftigt, wie dies durch den Gang der deutschen Spekulation bedingt war. Die erste derselben beruhte auf Kant und Fichte. Ihr Ausgangspunkt ist das allgemeine oder überindividuelle Bewußtsein, in welchem die transzendentale Methode ein Unbedingtes, wie Normen oder Werte, entdeckt. Die Bestimmung dieses Unbedingten und seines Verhältnisses zum Verständnis der Geschichte ist im Bereiche dieser großen und einflußreichen Schule eine sehr mannigfache. Die beiden letzten Voraussetzungen, zu denen die transzendentale Analyse Kants gelangt war, sein theoretisches und sein praktisches Apriori, wurden, indem man den Weg Fichtes weiter verfolgte, zu einem Einheitlich-Unbedingten zusammengenommen. Dieses konnte als Norm, als Idee oder als Wert gefaßt werden. Das Problem konnte entweder der Aufbau der geistigen Welt vom Apriori aus sein oder für den beschränkteren Kreis des individuellen geschichtlichen Verlaufes ein Prinzip der Auswahl und des Zusammenhanges.

Gegenüber dieser Richtung des deutschen Idealismus ist Hegels geniale Leistung für die Geschichte bis heute sehr zurückgetreten. Seine metaphysische Position war der Kritik von selten der Erkenntnistheorie aus erlegen. In den systematischen Geisteswissenschaften dagegen vollzieht sich bis auf diesen Tag eine Verbindung seiner großen Ideen mit der positiven Forschung. In der Geschichtsschreibung dauert seine Wirkung gerade auch in der Anordnung von Stufen des Geistes fort. Und die Zeit kommt heran, in welcher auch sein Versuch, einen Zusammenhang von Begriffen zu bilden, der den unablässigen Strom der Geschichte bewältigen kann, gewürdigt und verwertet werden wird.

Im Gegensatz zu dieser Theorie entstand nun eine Auffassung, welche jedes transzendentale und metaphysische Prinzip für das Verständnis der geistigen Welt verwirft. Diese verneint den Wert der transzendentalen und metaphysischen Methode. Sie leugnet jedes Wissen von einem unbedingten Wert, einer schlechthin gültigen Norm, einem göttlichen Plan oder einem im Absoluten gegründeten Vernunftzusammenhang. Indem sie so die Relativität jedes menschlich, geschichtlich Gegebenen ohne Einschränkung anerkennt, hat sie zu ihrer Aufgabe, aus dem Stoff des Gegebenen ein objektives Wissen über die geistige Wirklichkeit und den

Zusammenhang ihrer Teile zu gewinnen. Nur die Kombination der verschiedenen Arten des Gegebenen und der verschiedenen Verfahrungsweisen stehen ihr zur Lösung dieser Aufgaben zur Verfügung.

In der Gruppe, welche diesen Standpunkt in seiner Folgerichtigkeit theoretisch zu begründen unternommen hat, haben sich ebenso wie in der anderen sehr verschiedene Richtungen herausgebildet. Am meisten ist für die Verschiedenheit im Aufbau der geschichtlichen Welt ein Gegensatz bestimmend gewesen, der schon die Schulen von Comte und Mill geschieden hatte. Der Zusammenhang der geistigen Welt ist einerseits nur im psychischen Einzeldasein und anderseits im geschichtlichen Verlauf und den gesellschaftlichen Zuständen gegeben. Indem nun die Forschung diese beiden Arten von Gegebenheiten je nach ihrer Auffassung von ihrer Tragweite verschieden kombiniert, entsteht eine Mannigfaltigkeit von Verfahrungsweisen im Aufbau der Geisteswissenschaften von dieser Stellung aus. Sie erstreckt sich von denen, die ohne Psychologie auszukommen streben, bis zu denen, die ihr die Stellung in den Geisteswissenschaften zuerkennen, welche die Mechanik in den Naturwissenschaften einnimmt. Andere Differenzen machen sich geltend in der erkenntnistheoretischen und logischen Grundlegung des Aufbaus, in der Gestaltung der Psychologie oder der Wissenschaft von den Lebenseinheiten, der Bestimmung der Regelmäßigkeiten, die aus den sozialen Verhältnissen zwischen diesen Einheiten entstehen. Und von solchen Differenzen sind dann schließlich die mannigfachen Lösungen der letzten Fragen nach historischen und sozialen Gesetzen, nach Fortschritt, nach Anordnung in dem geschichtlichen Verlauf abhängig.

5.

Ich versuche nun die Aufgabe zu bestimmen, welche innerhalb dieser wissenschaftlichen Bewegung die hier vorliegende Untersuchung über den Aufbau der geschichtlichen Welt in den Geisteswissenschaften sich gesetzt hat. Sie schließt sich an den ersten Band meiner Einleitung in die Geisteswissenschaften (1883) an. Diese Arbeit war von der Aufgabe einer Kritik der historischen Vernunft ausgegangen. Sie stellte sich auf die Tatsache der Geisteswissenschaften, wie sie besonders in dem von der historischen Schule geschaffenen Zusammenhang dieser Wissenschaften vorlag, und suchte deren erkenntnistheoretische Begründung. In dieser Begründung setzte sie sich dem Intellektualismus in der damals herrschenden Erkenntnistheorie entgegen. »Mich führte historische wie psychologische Beschäftigung mit dem ganzen Menschen dahin, diesen in der Mannigfaltigkeit seiner Kräfte, dies wollend, fühlend vorstellende Wesen auch der Erklärung der Erkenntnis und ihrer Begriffe (wie Außenwelt, Zeit,

Substanz, Ursache) zugrunde zu legen.«[11] So waren ihre Ausgangspunkte das Leben und Verstehen (S. 10, 136 f.), das im Leben enthaltene Verhältnis von Wirklichkeit, Wert und Zweck, und sie unternahm, die selbständige Stellung der Geisteswissenschaften den Naturwissenschaften gegenüber darzutun, die Grundzüge des erkenntnistheoretisch-logischen Zusammenhangs in diesem vollständigen Ganzen aufzuzeigen und die Bedeutung der Auffassung des Singulären in der Geschichte zur Geltung zu bringen. Ich versuche jetzt den Standpunkt meines Buches dadurch eingehender zu begründen, daß ich von dem erkenntnistheoretischen Problem aus den Aufbau der geschichtlichen Welt in den Geisteswissenschaften untersuche. Der Zusammenhang zwischen dem Erkenntnisproblem und diesem Aufbau liegt darin, daß die Analyse dieses Aufbaus auf ein Zusammenwirken von Leistungen führt, welche durch eine solche Zergliederung nun der erkenntnistheoretischen Untersuchung zugänglich werden.

Ich bezeichne zunächst kurz die Linie, die von dem bisher Erörterten zur Erkenntnis dieses Aufbaus führen soll, um schon hier den Gegensatz im Aufbau von Natur- und Geisteswissenschaften sichtbar zu machen. Die Tatsache der Geisteswissenschaften, wie sie sich in der Epoche ihrer Konstituierung herausgebildet haben, ist beschrieben worden; es zeigte sich ferner, wie diese Wissenschaften im Erleben und Verstehen begründet sind; so muß von hier aus ihr Aufbau, wie er in jener Tatsache ihrer selbständigen Konstituierung durch die historische Schule enthalten ist, aufgefaßt werden, und damit eröffnet sich der Einblick in die gänzliche Verschiedenheit dieses Aufbaus von dem dargelegten Aufbau der Naturwissenschaften. Die selbständige Eigenheit des Aufbaus der Geisteswissenschaften wird so zum Hauptthema dieser ganzen Arbeit.

Er geht vom Erlebnis aus, von Realität zu Realität; er ist ein sich immer tiefer Einbohren in die geschichtliche Wirklichkeit, ein immer mehr aus ihr Herausholen, immer weiter sich über sie Verbreiten. Es gibt da keine hypothetischen Annahmen, welche dem Gegebenen etwas unterlegen. Denn das Verstehen dringt in die fremden Lebensäußerungen durch eine Transposition aus der Fülle eigener Erlebnisse. Natur, so sahen wir, ist ein Bestandteil der Geschichte nur in dem, was sie wirkt und wie auf sie gewirkt werden kann. Das eigentliche Reich der Geschichte ist zwar auch ein äußeres; doch die Töne, welche das Musikstück bilden, die Leinwand, auf der gemalt ist, der Gerichtssaal, in dem Recht gesprochen wird, das Gefängnis, in dem Strafe abgesessen wird, haben nur ihr Material an der Natur; Jede geisteswissenschaftliche Operation dagegen, die mit solchen äußeren Tatbeständen vorgenommen wird, hat es allein mit dem Sinne und der Bedeutung zu tun, die sie durch das Wirken des Geistes erhalten haben; sie dient dem Verstehen, das diese Bedeutung, diesen Sinn in ihnen erfaßt. Und nun gehen wir über das bisher Dargelegte hinaus. Dies Verstehen bezeichnet nicht nur ein eigentümliches methodisches Verhalten, das wir solchen Gegenständen gegenüber einnehmen; es handelt sich nicht nur zwischen Geistes- und Naturwissenschaften um einen Unterschied in der Stellung des Subjekts zum Objekt, um eine Verhaltungsweise, eine Methode, sondern das Verfahren des Verstehens ist sachlich darin begründet, daß das Äußere, das ihren Gegenstand ausmacht, sich von dem Gegenstand der Naturwissenschaften durchaus unterscheidet. Der Geist hat sich in ihnen objektiviert, Zwecke haben sich in ihnen gebildet. Werte sind in ihnen verwirklicht, und eben dies Geistige, das in sie hineingebildet ist, erfaßt das Verstehen. Ein Lebensverhältnis besteht zwischen mir und ihnen. Ihre Zweckmäßigkeit ist in meiner Zwecksetzung gegründet, ihre Schönheit und Güte in meiner Wertgebung, ihre Verstandesmäßigkeit in meinem Intellekt. Realitäten gehen ferner nicht nur in meinem Erleben und Verstehen auf: sie bilden den Zusammenhang der Vorstellungswelt, in dem das Außengegebene mit meinem Lebensverlauf verknüpft ist: in dieser Vorstellungswelt lebe ich, und ihre objektive Geltung ist mir durch den beständigen Austausch mit dem Erleben und dem Verstehen anderer selbst garantiert; endlich die Begriffe, die allgemeinen Urteile, die generellen Theorien sind nicht Hypothesen über etwas, auf das wir äußere Eindrücke beziehen, sondern Abkömmlinge von Erleben und Verstehen. Und wie in diesem die Totalität unseres Lebens immer gegenwärtig ist, so klingt die Fülle des Lebens auch in den abstraktesten Sätzen dieser Wissenschaft nach.

Somit können wir nun das Verhältnis beider Klassen von Wissenschaften und die Grundunterschiede ihres Aufbaus, wie sie bis hierher erkannt sind, zusammenfassen. Die Natur ist die Unterlage der Geisteswissenschaften. Die Natur ist nicht nur der Schauplatz der Geschichte; die physischen Vorgänge, die Notwendigkeiten, welche in ihnen liegen, und die Wirkungen, die von ihnen ausgehen, bilden die Unterlage für alle Verhältnisse, für Tun und Leiden, Aktion und Reaktion in der geschichtlichen Welt, und die physische Welt bildet auch das Material für das ganze Reich, in welchem der Geist seine Zwecke, seine Werte – sein Wesen ausgedrückt hat; auf dieser Grundlage erhebt sich aber nun die Wirklichkeit, in welche die Geisteswissenschaften von zwei Seiten her immer tiefer sich einbohren – vom Erleben der eigenen Zustände und vom Verstehen des in der Außenwelt objektivierten Geistigen aus. Und damit ist nun der Unterschied beider Arten von Wissenschaften gegeben. In der äußeren Natur wird Zusammenhang in einer Verbindung abstrakter Begriffe den Erscheinungen untergelegt. Dagegen der Zusammenhang in der geistigen Welt wird erlebt und nachverstanden. Der Zusammenhang der Natur ist abstrakt, der seelische und geschichtliche aber ist lebendig, lebengesättigt. Die Naturwissenschaften ergänzen die Phänomene durch Hinzugedachtes; und wenn die Eigenschaften des organischen Körpers und das Prinzip der Individuation in der organischen Welt bisher solchem Begreifen widerstanden, so ist doch in ihnen das Postulat eines solchen Begreifens immer lebendig, für dessen

Verwirklichung ihnen nur kausale Zwischenglieder fehlen; es bleibt ihr Ideal, daß sie gefunden werden müssen, und immer wird die Auffassung, welche in diese Zwischenstufe zwischen der anorganischen Natur und dem Geiste ein neues Erklärungsprinzip einführen will, mit diesem Ideal in ungeschlichtetem Streit sein. Die Geisteswissenschaften ordnen ein, indem sie umgekehrt zu allererst und hauptsächlich die sich unermeßlich ausbreitende menschlich-geschichtlich-gesellschaftliche äußere Wirklichkeit zurückübersetzen in die geistige Lebendigkeit, aus der sie hervorgegangen ist. Dort werden für die Individuation hypothetische Erklärungsgründe aufgesucht, hier dagegen werden in der Lebendigkeit die Ursachen derselben erfahren.

Hieraus ergibt sich nun die Stellung zur Erkenntnistheorie, welche die nachfolgenden Untersuchungen über den Aufbau der geschichtlichen Welt in den Geisteswissenschaften einnehmen werden. Das zentrale Problem der auf die Naturwissenschaften allein bezogenen Erkenntnistheorie liegt in der Fundierung der abstrakten Wahrheiten, des Charakters der Notwendigkeit in ihnen, des Kausalgesetzes und in der Beziehung der Sicherheit der induktiven Schlüsse zu abstrakten Grundlagen derselben. Da nun die auf die Naturwissenschaften gegründete Erkenntnistheorie sich in die verschiedensten Richtungen zersplittert hat, so daß es vielen scheinen möchte, als werde sie das Schicksal der Metaphysik teilen, andererseits aber schon der bisherige Überblick über den Bau der Geisteswissenschaften eine sehr große Verschiedenheit der Stellung des Erkennens zu seinem Gegenstande auf diesem Gebiet erwiesen hat: so scheint zunächst der Fortgang der allgemeinen Erkenntnistheorie davon abhängig, daß sie sich mit den Geisteswissenschaften auseinandersetzt. Dies fordert aber, daß vom erkenntnistheoretischen Problem aus der Aufbau der geschichtlichen Welt in den Geisteswissenschaften studiert werde; dann erst wird die allgemeine Erkenntnistheorie von den Ergebnissen dieses Studiums aus einer Revision unterworfen werden können.

III. Allgemeine Sätze über den Zusammenhang der Geisteswissenschaften

Drei verschiedene Aufgaben hat die Grundlegung der Geisteswissenschaften zu lösen. Sie bestimmt den allgemeinen Charakter des Zusammenhanges, in dem auf diesem Gebiet auf Grund des Gegebenen ein allgemeingültiges Wissen entsteht. Es handelt sich hier um die allgemeine logische Struktur der Geisteswissenschaften.[12] Es gilt dann, den Aufbau der geistigen Welt durch die einzelnen Gebiete hindurch aufzuklären, wie er sich in den Geisteswissenschaften durch das Ineinandergreifen ihrer Leistungen vollzieht. Das ist die zweite Aufgabe, und in ihrer Auflösung wird sich dann schrittweise die Methodenlehre der Geisteswissenschaften durch Abstraktion aus ihrem Verfahren selbst ergeben. Endlich fragt sich, welches der Erkenntniswert dieser Leistungen der Geisteswissenschaften sei und in welchem Umfang durch ihr Zusammenwirken ein objektives geisteswissenschaftliches Wissen möglich wird.

Zwischen den beiden letzten Aufgaben besteht ein näherer innerer Zusammenhang. Die Sonderung der Leistungen macht die Prüfung ihres Erkenntniswertes möglich, und diese zeigt, in welchem Umfang durch sie die geisteswissenschaftliche Wirklichkeit und der in ihr bestehende reale Zusammenhang ins Wissen erhoben wird: hierdurch wird dann eine selbständige Grundlage der Erkenntnistheorie auf unserem Gebiete gewonnen, und die Aussicht auf einen allgemeinen Zusammenhang der Erkenntnistheorie eröffnet sich, dessen Ausgangspunkt in den Geisteswissenschaften gelegen wäre.

Der allgemeine Charakter des Zusammenhanges in den Geisteswissenschaften ist also unser nächstes Problem. Der Ausgangspunkt ist die Strukturlehre des gegenständlichen Auffassens im allgemeinen. Sie zeigt in allem Auffassen eine fortschreitende Linie vom Gegebenen zu den Grundverhältnissen der Wirklichkeit, die hinter jenem dem begrifflichen Denken aufgehen. Dieselben Denkformen und dieselben ihnen untergeordneten Klassen von Denkleistungen ermöglichen in den Naturwissenschaften und den Geisteswissenschaften den wissenschaftlichen Zusammenhang. Von dieser Grundlage aus entstehen dann in der Anwendung jener Denkformen und Denkleistungen aus den besonderen Aufgaben und unter den besonderen Bedingungen der Geisteswissenschaften deren spezifische Methoden. Und da die Aufgaben der Wissenschaften die Methoden für die Lösung hervorrufen, so bilden die einzelnen Verfahrungsweisen einen inneren, vom Zweck des Wissens bedingten Zusammenhang.

Erster Abschnitt
Das gegenständliche Auffassen

Das gegenständliche Auffassen bildet ein System von Beziehungen, in dem Wahrnehmungen und Erlebnisse, erinnerte Vorstellungen, Urteile, Begriffe, Schlüsse und deren Zusammensetzungen enthalten sind. Allen diesen Leistungen im System des gegenständlichen Auffassens ist gemeinsam, daß in ihnen nur Beziehungen von Tatsächlichem gegenwärtig sind. So sind im Syllogismus nur die Inhalte und deren Beziehungen gegenwärtig, und kein Bewußtsein von Denkoperationen begleitet ihn. Das Verfahren, welches dem so Gegebenen als Bewußtseinsbedingungen einzelne Akte unterlegt, welche den sachlichen Relationen entsprechend gedacht werden, und nun aus ihrem Zusammenwirken den Tatbestand des gegenständlichen Auffassens ableitet, enthält eine nie verifizierbare Hypothese.

Die einzelnen Erlebnisse innerhalb dieses gegenständlichen Auffassens sind Glieder eines Ganzen, das vom psychischen Zusammenhang bestimmt ist. In diesem psychischen Zusammenhang ist die objektive Erkenntnis der Wirklichkeit die Bedingung für richtige Feststellung der Werte und zweckmäßiges Handeln. So sind Wahrnehmen, Vorstellen, Urteilen, Schließen Leistungen, die in einer Teleologie des Auffassungszusammenhanges zusammenwirken, welcher dann in der des Lebenszusammenhanges seine Stelle einnimmt.

1.

Die erste *Leistung* des gegenständlichen Auffassens am Gegebenen erhebt das in ihm Enthaltene zu distinktem Bewußtsein, ohne daß an der Form der Gegebenheit eine Änderung stattfände. Ich nenne diese Leistung primär, sofern die Analyse, die vom diskursiven Denken rückwärtsgeht, keine einfachere Leistung auffindet. Sie liegt jenseits des diskursiven Denkens, das an die Sprache gebunden ist und in Urteilen verläuft; denn die Gegenstände, über welche geurteilt wird, setzen schon Denkleistungen voraus.

Ich beginne mit der Leistung des *Vergleichens*. Ich finde gleich, ungleich, fasse Stufen des Unterschiedes auf. Vor mir liegen zwei Blättchen von verschiedener grauer Färbung. Es werden Unterschied und Grad des Unterschiedes an der Färbung bemerkt, nicht in einer Reflexion über das Gegebene, sondern als ein Tatbestand, wie die Farbe selbst ein solcher Tatbestand ist. Ebenso unterscheide ich, erlebend, Grade des Wohlgefallens, wenn ich etwa vom Anschlagen des Grundtons und seiner Oktave zu einer vollen Harmonie übergehe. Diese Denkleistung selber, mit der die Logik es nur ganz allein zu tun hat, ist einfach. Und ihr Ergebnis ist in bezug auf seinen Wahrheitswert nicht verschieden vom Bemerken einer Farbe oder eines Tones; etwas, das da ist, wird merklich. Gleichheit und Verschiedenheit sind keine Eigenschaften von Dingen wie Ausdehnung oder Farbe. Sie entstehen, indem die psychische Einheit sich Verhältnisse, die im Gegebenen enthalten sind, zum Bewußtsein bringt. Sofern Gleichsetzen und Verschiedensetzen nur finden, was gegeben ist, so wie Ausdehnung und Farbe gegeben sind, sind sie ein Analogon des Wahrnehmens selbst, aber wie sie logische Verhältnisbegriffe wie Gleichheit, Unterschied, Grad, Verwandtschaft schaffen, die zwar in der Wahrnehmung enthalten, aber nicht in ihr gegeben sind, gehören sie dem Denken an. – Auf der Grundlage dieser Denkleistung des Vergleichens tritt eine zweite auf. Denn wenn ich zwei Tatbestände *trenne*, so liegt darin, logisch angesehen – und um die psychologischen Prozesse handelt es sich hier gar nicht –, eine vom Unterscheiden verschiedene Denkleistung. In dem Gegebenen werden zwei Tatbestände auseinandergehalten, ihr Außereinandersein wird aufgefaßt. So werden in einem Walde eine Menschenstimme, das Rauschen des Windes, der Gesang eines Vogels nicht nur unterschieden voneinander, sondern als ein Mehreres aufgefaßt. Wenn ein Ton von derselben Beschaffenheit, also in derselben Höhe, Klangfarbe, Intensität und Dauer, ein zweites Mal an einer anderen Stelle des Zeitverlaufes wiederkehrt, so tritt in dieser zweiten Denkleistung das Bewußtsein auf, daß der folgende Ton ein anderer ist als der erste. Ein weiteres Verhältnis wird in einem zweiten Fall von Trennung aufgefaßt. An einem grünen Blatt kann ich Farbe und Gestalt voneinander sondern, und es wird dann das in der Einheit des Gegenstandes Zusammengehörige, das real nicht gesondert werden kann, doch als ideell trennbar befunden. Auch wo die Vorbedingungen dieser Leistung des Trennens sehr zusammengesetzt sind, ist die Leistung selbst einfach. Und sie ist ebenso wie das Vergleichen vom Sachverhalt bestimmt, den sie zur Auffassung bringt.

Und hier entsteht nun der Durchblick in den für den Aufbau der Logik wichtigen Vorgang der Abstraktion. Die Sonderung der Gliedmaßen eines Körpers haftet an der konkreten Wirklichkeit des Körpers; in jedem seiner Teile bleibt diese konkrete Wirklichkeit erhalten; wenn aber Ausdehnung und Farbe voneinander gesondert werden und das Denken der Farbe sich zuwendet, dann entsteht aus einer solchen Sonderung die Denkleistung der Abstraktion: von dem ideell Auseinandergenommenen wird eine Seite für sich herausgehoben.

Die Verbindung des mehreren Gesonderten kann sich nur auf der Grundlage einer *Beziehung* zwischen diesem Mehreren, Getrennten vollziehen. Wir fassen die räumliche Lage getrennter Tatbestände auf, oder die Abstände, in denen Vorgänge einander zeitlich folgen. Auch dieses Beziehen und Verbinden bringt nur stattfindende Verhältnisse zum Bewußtsein. Es tut das aber durch Denkleistungen, welche Relationen wie die in Raum und Zeit, Tun und Leiden zur Grundlage haben. Ein solches Zusammennehmen ist die Bedingung für die Bildung der Zeitanschauung. Wenn der Schlag einer Uhr mehrmals hintereinander folgt, so liegt nur die Sukzession dieser Eindrücke vor, aber erst im Zusammennehmen wird die Auffassung dieser Sukzession möglich. Das Zusammenfassen erzeugt das logische Verhältnis eines Ganzen zu seinen Teilen. Auf dem Boden der Verhältnisse des Getrenntseins, der Abstufung der Unterschiede der im Tonsystem enthaltenen Beziehungen entsteht im Zusammennehmen der Töne ein so Bedingtes, das aber doch erst in der Zusammenfassung selbst hervorgebracht ist – der Akkord oder die Melodie. Hier ist besonders deutlich, wie die Zusammenfassung an dem in dem Wahrnehmungs- und Erinnerungserlebnis Enthaltenen stattfindet und doch in ihm etwas entsteht, das ohne die Zusammenfassung nicht da wäre. Wir sind hier schon an der Grenze, die über die Feststellung des in den Verhältnissen Enthaltenen hinausführt in die Region der freien Phantasie.

Diese Beispiele – und um ein mehreres handelt es sich hier nicht – beweisen: die elementaren Denkleistungen *klären* das Gegebene *auf*. Dem diskursiven Denken vorausliegend, enthalten sie die Ansätze zu ihm, da in dem Gleichfinden die Bildung der allgemeinen Urteile, der Allgemeinbegriffe und das vergleichende Verfahren sich vorbereiten, im Trennen die Abstraktionen und das analytische Verfahren, dann in den Beziehungen jede Art von synthetischer Operation. So geht ein innerer Begründungszusammenhang von den elementaren Denkleistungen zum diskursiven Denken, vom Auffassen des Sachverhaltes an den Gegenständen zu den Urteilen über sie.

Die Gegebenheit des sinnlich Wahrgenommenen oder Erlebten geht in eine weitere Bewußtseinsstufe in der erinnerten Vorstellung über. In ihr vollzieht sich eine weitere Leistung des gegenständlichen Auffassens, und dieser Leistung entspricht ein besonderes Verhältnis des neuen Gebildes zu seiner Grundlage. Dies Verhältnis der erinnerten Vorstellung zum sinnlich Aufgefaßten und zum Erlebten ist das des *Abbildens*. Denn die freie Beweglichkeit der Vorstellungen ist im Bereich des gegenständlichen Auffassens durch die Intention der Angleichung an die Wirklichkeit eingeschränkt, und alle Arten der Vorstellungsbildung bleiben durch die Richtung auf die Wirklichkeit bestimmt. In dieser Richtung entstehen Totalvorstellungen und Allgemeinvorstellungen und bereiten eine neue Stufe des Bewußtseins vor.

Diese neue Stufe tritt im *diskursiven Denken* auf. Das Verhältnis des Abbildens macht hier einer andern Beziehung innerhalb des gegenständlichen Auffassens Platz.

Das diskursive Denken ist an den Ausdruck gebunden, vor allem an die Sprache. Hier besteht die Beziehung von *Ausdruck* zu *Ausgedrücktem*, durch welche aus den Bewegungen der Sprachorgane und den Vorstellungen ihrer Erzeugnisse Sprachformen werden. Die Beziehung zu dem in ihnen Ausgedrückten gibt ihnen ihre Funktion. Sie haben nun als Bestandteile des Satzes eine Bedeutung, während der Satz selbst einen Sinn hat. Die Richtung der Auffassung geht von Wort und Satz zu dem Gegenstand, den sie ausdrücken. Damit entsteht die Beziehung zwischen dem grammatischen Satz oder dem Ausdruck durch andere Zeichen und dem Urteil, das alle Teile des diskursiven Denkens hervorbringt.

Welches ist nun das Verhältnis zwischen dem Gegebenen oder Vorgestellten, wie es von den durchlaufenen Leistungen der Auffassungserlebnisse bedingt war, und dem *Urteil*? In diesem wird ein Sachverhalt von einem Gegenstand ausgesagt. Darin liegt schon, daß von einem Abbilden des Gegebenen oder Vorgestellten hier nicht die Rede ist. Ich gehe für die positive Bestimmung des Verhältnisses vom Denkzusammenhang aus. Jedes Urteil ist in ihm analytisch enthalten, und es wird als Glied desselben verstanden. Im Denkzusammenhang des gegenständlichen Auffassens bezieht sich nun jeder Teil desselben vermittels des Zusammenhanges, in dem er steht, zurück auf das Enthaltensein in der Wirklichkeit. Denn das ist die oberste Regel, unter der jedes Urteil steht: es muß seinem Inhalt nach in dem Gegebenen nach den formalen Denkgesetzen und nach den Formen des Denkens enthalten sein. Auch Urteile, die Eigenschaften oder Handlungen des Zeus oder Hamlet aussprechen, sind im Denkzusammenhang auf ein Gegebenes bezogen.

So entsteht zwischen dem Urteil und den bisher dargelegten Formen des gegenständlichen Auffassens ein neues Verhältnis. Dies Verhältnis zeigt zwei Seiten. Die Zweiseitigkeit in ihm ist dadurch bestimmt, daß das Urteil einerseits in dem Gegebenen fundiert ist, anderseits aber das, was in diesem nur implicite, nur als erschließbar enthalten ist, expliziert. In der ersteren Beziehung entsteht das Verhältnis der *Vertretung*. Das Urteil vertritt durch Denkbestandteile, die den Anforderungen des Wissens durch Konstanz, Klarheit, Deutlichkeit und durch feste Verbindung mit Wortzeichen entsprechen, die im Gegebenen enthaltenen Sachverhalte. Von der andern Seite angesehen, realisieren die Urteile die Intention des gegenständlichen Auffassens, von dem Bedingten, Partikularen und Veränderlichen aus sich den Grundverhältnissen der Wirklichkeit zu nähern.

Das Verhältnis der Vertretung erstreckt sich auf den ganzen diskursiven Denkzusammenhang im gegenständlichen Auffassen, da dieser sich durch das Urteilen vollzieht. Das Gegebene in seiner konkreten Anschaulichkeit und die es abbildende Vorstellungswelt werden in jeder Form des diskursiven Denkens vertreten durch ein System von Beziehungen fester Denkbestandteile. Und dem entspricht in umgekehrter Richtung, daß bei Rückkehr zum Gegenstande dieser in der ganzen Fülle seines anschaulichen Daseins das Urteil oder den Begriff bewährt, *verifiziert*. Gerade für die Geisteswissenschaften ist es besonders wichtig, daß die ganze Frische und Macht des

Erlebnisses dann direkt oder in der Richtung vom Verstehen zum Erleben hin zurückkehrt. In dem Verhältnis der Vertretung ist enthalten, daß in bestimmten Grenzen das Gegebene und das diskursiv Gedachte *vertauschbar* sind.

Zergliedert man den diskursiven Denkzusammenhang, so trifft man in ihm auf Arten der Beziehung, die unabhängig vom Wechsel der Denkinhalte regelmäßig wiederkehren und an jeder Stelle des Denkzu sammenhangs zugleich und in innerem Verhältnis zueinander bestehen. Solche Denk*formen* sind Urteil, Begriff und Schluß, sie treten in jedem Teil des diskursiven Denkzusammenhangs auf und bilden dessen Gefüge. Aber auch die diesen elementaren Formen untergeordneten Klassen von Leistungen des diskursiven Denkens, Vergleichung, Analogieschluß, Induktion, Einteilung, Definition, schließlich der Zusammenhang der Begründung sind unabhängig von der Abgrenzung einzelner Gebiete des Denkens, insbesondere der von Natur- und Geisteswissenschaften gegeneinander. Sie sondern sich nach den Aufgaben des ganzen Denkzusammenhangs, welche die Wirklichkeit nach ihren allgemeinen Grundverhältnissen stellt, während dann durch die Eigenschaften einzelner Gebiete erst besondere Gestalten der Methode bedingt sind.

Der Regelhaftigkeit dieser Formen entspricht die Gültigkeit ihrer Denkleistung, und dieser sind wir durch das Bewußtsein der Evidenz versichert. Und die allgemeinsten Eigenschaften, an welche in diesen verschiedenen Formen, unabhängig vom Wechsel der Gegenstände, konstant im Kommen und Gehen der Denkerlebnisse und ihrer Subjekte, Gültigkeit gebunden ist, finden ihren Ausdruck in den Denk*gesetzen*. Wir brauchen das Verhältnis von Vertretung oder Repräsentation nicht zu überschreiten, wenn wir von den Wirklichkeitsurteilen zu den notwendigen Urteilen übergehen. Ein Axiom der Geometrie ist notwendig, weil es die überall in der Raumanschauung durch Analyse feststellbaren Grundverhältnisse ausdrückt, und ebenso ist der Charakter der Notwendigkeit in den Denkgesetzen hinreichend durch die Tatsache erklärt, daß sie überall im Denkzusammenhang analytisch enthalten sind.

Eine wissenschaftliche *Methode* entsteht, indem Denkformen und allgemeine Denkleistungen durch den Zweck, der in der Lösung einer bestimmten wissenschaftlichen Aufgabe gelegen ist, zu einem zusammengesetzten Ganzen verbunden werden. Gibt es dieser gestellten Aufgabe ähnliche Probleme, dann wird die auf einem begrenzten Gebiet angewandte Methode sich auf einem umfassenderen fruchtbar erweisen. Oft ist eine Methode im Geiste ihres Erfinders noch nicht mit dem Bewußtsein ihres logischen Charakters und ihrer Tragweite verknüpft: dann tritt dies Bewußtsein erst nachträglich hinzu. Wie sich der Begriff der Methode insbesondere im Sprachgebrauth der Naturforscher Jahrhunderte hindurch entwickelt hat, kann auch das Verfahren, welches eine Detailfrage behandelt und demgemäß sehr zusammengesetzt ist, als Methode bezeichnet werden. Wo für die Auflösung desselben Problems mehrere

Wege eingeschlagen sind, werden sie als verschiedene Methoden auseinandergehalten. Wo die Verfahrungsweisen eines erfindenden Geistes gemeinsame Eigenschaften zeigen, spricht die Geschichte der Wissenschaften von einer Methode Cuviers in der Paläontologie oder Niebuhrs in der historischen Kritik. Mit der Methodenlehre treten wir in das Gebiet, in welchem der besondere Charakter der Geisteswissenschaften sich geltend zu machen beginnt.

Alle Erlebnisse des gegenständlichen Auffassens sind in dem teleologischen Zusammenhang desselben auf die Erfassung dessen was ist – der Wirklichkeit gerichtet. Das Wissen bildet ein Stufenreich von Leistungen: das Gegebene wird in den elementaren Denkleistungen aufgeklärt, es wird in den Vorstellungen abgebildet, und es wird im diskursiven Denken vertreten und so auf verschiedene Arten repräsentiert. Denn die Aufklärung des Gegebenen durch die elementaren Denkleistungen, die Abbildung in der erinnerten Vorstellung und die Vertretung im diskursiven Denken können dem umfassenden Begriff der *Repräsentation* untergeordnet werden. Zeit und Erinnerung lösen das Auffassen aus der Abhängigkeit vom Gegebenen los und vollziehen eine Auswahl des für das Auffassen Bedeutsamen; das Einzelne wird durch Beziehung zum Ganzen und durch Unterordnung unter das Allgemeine den Zwecken des Auffassens der Wirklichkeit unterworfen; die Veränderlichkeit des intuitiv Gegebenen wird in einer Beziehung von Begriffen zu allgemeingültiger Repräsentation erhoben; das Konkrete wird durch Abstraktion und analytisches Verfahren in gleichartige Reihen gebracht, welche Aussage von Regelmäßigkeiten gestatten, oder durch Einteilungen in seiner Gliederung aufgefaßt. Das Auffassen schöpft so das im Gegebenen uns Zugängliche immer mehr aus.

2.

In zwei Richtungen sind die Erlebnisse logisch verbunden, welche dem gegenständlichen Auffassen angehören. In der einen sind die Erlebnisse aufeinander bezogen, sofern sie als Stufen im Auffassen desselben Gegenstandes ihn durch das im Erleben oder Anschauen Enthaltene zu erschöpfen suchen, und in der andern verbindet die Auffassung einen Tatbestand mit dem andern durch die zwischen ihnen aufgefaßten Beziehungen. Dort entsteht die Vertiefung in den einzelnen Gegenstand und hier die universale Ausbreitung. Die Vertiefung und die Ausbreitung sind voneinander abhängig.

Anschauung, Erinnerung, Totalvorstellung, Namengebung, Urteil, Unterordnung des Besonderen unter das Allgemeine, Verbindung von Teilen zu einem Ganzen – das alles sind Weisen des Auffassens: ohne daß der Gegenstand zu wechseln braucht, ändert sich die Art und Weise des Bewußtseins, in der er für uns da ist, wenn man von

Anschauung zur Erinnerung oder zum Urteil übergeht. Die ihnen gemeinsame Richtung auf denselben Gegenstand verbindet sie zu einem teleologischen Zusammenhang. In demselben haben nur diejenigen Erlebnisse eine Stelle, welche in der Richtung auf Erfassung dieses bestimmten Gegenständlichen eine Leistung vollziehen. Von diesem teleologischen Charakter des hier vorliegenden Zusammenhanges ist der Fortgang innerhalb desselben von Glied zu Glied bedingt. Solange das Erlebnis noch nicht erschöpft oder die in den Einzelanschauungen stückweise und einseitig gegebene Gegenständlichkeit noch nicht zu voller Auffassung und vollständigem Ausdruck gekommen ist, besteht immer ein Ungenüge, und dieses fordert weiterzuschreiten. Wahrnehmungen, die denselben Gegenstand betreffen, sind aufeinander in teleologischem Zusammenhang bezogen, sofern sie am selbigen Gegenstand fortschreiten. So fordert eine sinnliche Einzelwahrnehmung immer mehrere, welche die Auffassung des Gegenstandes ergänzen. In diesem Vorgang der Ergänzung ist schon die Erinnerung als eine weitere Form des Auffassens erforderlich. Sie steht innerhalb des Zusammenhangs des gegenständlichen Auffassens in dem festen Verhältnis zu der Anschauungsgrundlage, daß sie die Funktion hat, diese Grundlage abzubilden, zu erinnern und so dem gegenständlichen Auffassen verwertbar zu erhalten. Hier zeigt sich sehr deutlich der Unterschied der Auffassung des Erinnerungserlebnisses, welche den ihm zugrunde liegenden Prozeß nach seinen Gleichförmigkeiten studiert, und unserer Betrachtung der Erinnerung nach ihrer Funktion im Auffassungszusammenhang, nach welcher sie das Erlebte oder Aufgefaßte abbildet. Die Erinnerung kann an sich unter einem Eindruck oder dem Einfluß einer Gemütslage mannigfache von ihrer Grundlage unterschiedene Inhalte in sich aufnehmen: gerade hier haben die ästhetischen Phantasiebilder ihren Ursprung: aber die in dem angegebenen teleologischen Zusammenhang auf Erfassung des Gegenstandes stehende Erinnerung hat die Richtung auf Identität mit dem Anschauungs- oder Erlebnisinhalt der Gegenstandsauffassung. Daß die Erinnerung ihre Funktion im gegenständlichen Auffassen erfüllt hat, bewährt sich an der Möglichkeit, ihre Ähnlichkeit mit der Wahrnehrnungsgrundlage der Gegenstandsauffassung festzustellen. In dieser Richtung der Auffassungserlebnisse auf einen einzelnen Gegenstand ist schon der Fortgang zu immer Neuem gegeben. Die Veränderungen an dem Gegenstand weisen auf den Wirkungszusammenhang, in dem er sich befindet, und da der Sachverhalt nur durch die Mittel von Namen, Begriffen, Urteilen aufgeklärt werden kann, wird weiter ein Fortgang von der Einzelanschauung zum Allgemeinen erfolderlich. Ist hiernach in dieser ersten Richtung der Fortgang zum Ganzen, zum Wirkenden und zum Allgemeinen gefordert, so entspricht dieser Aufgabe der Fortgang von den Relationen, die im Einzelobjekt vorfindlich sind, zu denen, die in größeren gegenständlichen

Zusammenhängen stattfinden. So führt die erste Richtung der Beziehungen in eine zweite über.

In jener ersten Richtung waren diejenigen Auffassungserlebnisse aufeinander bezogen, welche denselben Gegenstand durch verschiedene Formen der Repräsentation hindurch immer angemessener aufzufassen streben. In dieser zweiten sind die Erlebnisse verbunden, die sich auf immer neue Gegenstände erstrecken und die zwischen ihnen bestehenden Relationen erfassen, sei es in derselben Form des Auffassens oder durch die Verbindung verschiedener Formen desselben. Es entstehen umfassende Beziehungen. Sie liegen besonders deutlich in den homogenen Systemen, welche Raum-, Ton- oder Zahlenverhältnisse darstellen.[13] Jede Wissenschaft bezieht sich auf eine abgrenzbare Gegenständlichkeit, in der ihre Einheit liegt, und der Zusammenhang des Wissenschaftsgebietes gibt den Sätzen des Wissens in ihm ihre Zusammengehörigkeit. Die Vollendung aller im Erlebten oder Angeschauten enthaltenen Relationen wäre der Begriff der Welt. In ihm ist die Forderung ausgesprochen, alles Erlebbare und Anschaubare durch den Zusammenhang der in demselben enthaltenen Relationen des Tatsächlichen auszusprechen. Dieser Begriff der Welt ist die Explikation des Zusammen, das zunächst im räumlichen Horizont gegeben ist.

Aufklärung, Abbildung und Vertretung sind Stufen der Beziehung zum Gegebenen, in denen das gegenständliche Auffassen sich dem Weltbegriff nähert. Sie sind Stufen, weil in jeder dieser Stellungen des gegenständlichen Auffassens die frühere die Grundlage für die nächste Lage des gegenständlichen Auffassens bildet.[14]

Zweiter Abschnitt
Die Struktur der Geisteswissenschaften

Indem nun dieser Zusammenhang des gegenständlichen Auffassens unter die Bedingungen tritt, die in den Geisteswissenschaften enthalten sind, entsteht deren besondere Struktur. Auf der Grundlage der Denkformen und der allgemeinen Denkleistungen machen sich hier besondere Aufgaben geltend, und sie finden ihre Lösung im Ineinandergreifen eigener Methoden.

In der Ausbildung dieser Verfahrensweisen sind die Geisteswissenschaften überall von den Naturwissenschaften beeinflußt gewesen. Denn da diese ihre Methoden früher entwickelt haben, so hat sich in weitem Umfang eine Anpassung derselben an die Aufgaben der Geisteswissenschaften vollzogen. An zwei Punkten tritt dies besonders deutlich hervor. In der Biologie sind die vergleichenden Methoden zuerst aufgefunden, die dann auf die systematischen Geisteswissenschaften in immer weiterem Umfang angewandt wurden, und experimentelle Methoden, welche Astronomie und Physiologie ausgebildet hatten, sind auf Psychologie, Ästhetik und Pädagogik übertragen worden. Auch wird sich beim Verfahren zur Lösung einzelner Aufgaben heute noch der Psychologe, Pädagoge, Linguist oder Ästhetiker oftmals fragen, ob die zur Auflösung analoger Probleme in den Naturwissenschaften aufgefundenen Mittel und Methoden für sein eigenes Gebiet fruchtbar gemacht werden können.

Aber trotz solcher einzelnen Berührungspunkte ist der Zusammenhang der geisteswissenschaftlichen Verfahrensweisen schon von ihrem Ausgangspunkte ab verschieden von dem der Naturwissenschaften.

Erstes Kapitel
Das Leben und die Geisteswissenschaften

Ich habe es hier nur mit den allgemeinen Sätzen, welche für die Einsicht in den Zusammenhang der Geisteswissenschaften entscheidend sind, zu tun, denn die Darstellung der Methoden gehört der Darlegung des Aufbaus der Geisteswissenschaften an. Zwei Namenerklärungen sende ich voraus. Unter psychischen Lebenseinheiten werde ich die Bestandteile der gesellschaftlich-geschichtlichen Welt verstehen. Mit psychischer Struktur bezeichne ich den Zusammenhang, in welchem in den psychischen Lebenseinheiten verschiedene Leistungen miteinander verbunden sind.

1. Das Leben

Die Geisteswissenschaften beruhen auf dem Verhältnis von Erlebnis, Ausdruck und Verstehen. So ist ihre Entwicklung abhängig sowohl von der Vertiefung der Erlebnisse als auch von der zunehmenden Richtung auf das Ausschöpfen ihres Gehaltes, und sie ist zugleich bedingt durch die Ausbreitung des Verstehens auf die ganze Objektivation des Geistes und das immer vollständigere und methodischere Herausholen des Geistigen aus den verschiedenen Lebensäußerungen.

Der Inbegriff dessen, was uns im Erleben und Verstehen aufgeht, ist das Leben als ein das menschliche Geschlecht umfassender Zusammenhang. Indem wir nun dieser großen Tatsache zuerst gegenübertreten, die für uns nicht nur der Ausgangspunkt der Geisteswissenschaften, sondern auch der Philosophie ist, gilt es, hinter die wissenschaftliche Bearbeitung dieser Tatsache zurückzugehen und die Tatsache selbst in ihrem Rohzustande aufzufassen.

Da treffen wir denn, wo Leben als ein der menschlichen Welt eigener Tatbestand uns entgegentritt, auf eigene Bestimmungen desselben an den einzelnen Lebenseinheiten, auf Lebensbezüge, Stellungnahme, Verhalten, Schaffen an Dingen und Menschen und Leiden durch sie. In dem beständigen Untergrund, aus dem die differenzierten Leistungen sich erheben, gibt es nichts, das nicht einen *Lebensbezug* des Ich enthielte. Wie alles hier eine Stellung zu ihm hat, ebenso ändert sich beständig die Zuständlichkeit des Ich nach dem Verhältnis der Dinge und Menschen zu ihm. Es gibt gar keinen Menschen und keine Sache, die nur Gegenstand für mich wären und nicht Druck oder Förderung, Ziel eines Strebens oder Bindung des Willens, Wichtigkeit, Forderung der Rücksichtnahme und innere Nähe oder Widerstand, Distanz und Fremdheit enthielten. Der Lebensbezug, sei er auf einen gegebenen Moment eingeschränkt oder dauernd, macht diese Menschen und Gegenstände für mich zu Trägern von Glück, Erweiterung meines Daseins, Erhöhung meiner Kraft, oder sie schränken in diesem Bezug den Spielraum meines Daseins ein, sie üben einen Druck auf mich, sie vermindern meine Kraft. Und den Prädikaten, die so die Dinge nur im Lebensbezug zu mir erhalten, entspricht der aus ihm stammende Wechsel der Zustände in mir selbst. Auf diesem Untergrund des Lebens treten dann gegenständliches Auffassen, Wertgeben, Zwecksetzen als Typen des Verhaltens in unzähligen Nuancen, die ineinander übergehen, hervor. Sie sind im Lebenslauf zu inneren Zusammenhängen verbunden, welche alle Betätigung und Entwicklung umfassen und bestimmen.

Verdeutlichen wir dies an der Art, wie der lyrische Dichter das Erlebnis zum Ausdruck bringt; er geht von einer Situation aus und läßt nun Menschen und Dinge in einem Lebensbezug zu einem ideellen Ich erblicken, in welchem sein eigenes Dasein und innerhalb desselben sein Erlebnisverlauf in der Phantasie gesteigert ist: dieser Lebensbezug bestimmt, was der echte Lyriker von den Menschen, von den Dingen, von sich selbst sieht und ausdrückt. Ebenso darf der Epiker nur sagen, was in einem dargestellten Lebensbezug heraustritt. Oder wenn der Historiker geschichtliche Situationen und Personen schildert, so wird er den Eindruck des wirklichen Lebens um so stärker erwecken, je mehr er von diesen Lebensbezügen erblicken läßt. Er muß die in diesen Lebensbezügen hervortretenden und wirksamen Eigenschaften der Menschen und Dinge herausheben – ich möchte sagen den Personen, Sachen, Vorgängen die Gestalt und Färbung geben, in der sie vom Gesichtspunkt des Lebensbezugs aus Wahrnehmungen und Erinnerungsbilder im Leben selber geformt haben.

2. Die Lebenserfahrung

Das gegenständliche Auffassen verläuft in der Zeit, und so sind in ihm schon Erinnerungsnachbilder enthalten. Wie nun mit dem Fortrücken der Zeit das Erlebte sich beständig mehrt und immer weiter zurücktritt, entsteht die Erinnerung an den eigenen Lebensverlauf. Ebenso bilden sich aus dem Verstehen anderer Personen Erinnerungen ihrer Zustände und Existenzbilder der verschiedenen Situationen. Und zwar ist in all diesen Erinnerungen stets Zuständlichkeit mit ihrem Milieu von äußeren Sachverhalten, Ereignissen, Personen verbunden. Aus der Verallgemeinerung des so Zusammenkommenden bildet sich die Lebenserfahrung des Individuums. Sie entsteht in Verfahrungsweisen, die denen der Induktion äquivalent sind. Die Zahl der Fälle, aus denen diese Induktion schließt, nimmt im Lebensverlauf beständig zu; die Verallgemeinerungen, die sich bilden, werden immerfort berichtigt. Die Sicherheit, die der persönlichen Lebenserfahrung zukommt, ist unterschieden von der wissenschaftlichen Allgemeingültigkeit. Denn diese Verallgemeinerungen vollziehen sich nicht methodisch und können nicht auf feste Formeln gebracht werden.

Der individuelle Gesichtspunkt, welcher der persönlichen Lebenserfahrung anhaftet, berichtet und erweitert sich in der allgemeinen Lebenserfahrung. Unter dieser verstehe ich die Sätze, die in irgendeinem zueinandergehörigen Kreise von Personen sich bilden und ihnen gemeinsam sind. Es sind Aussagen über den Verlauf des Lebens, Werturteile, Regeln der Lebensführung, Bestimmungen von Zwecken und Gütern. Ihr Kennzeichen ist, daß sie Schöpfungen des gemeinsamen Lebens sind. Und sie betreffen ebensosehr das Leben der einzelnen Menschen als das der Gemeinschaften. In der ersteren Rücksicht üben sie, als Sitte, Herkommen und in der Anwendung auf die einzelne Person als öffentliche Meinung, kraft des Übergewichtes der Zahl und der über das Einzelleben hinausreichenden Dauer der Gemeinschaft eine Macht über die Einzelperson und deren individuelle Lebenserfahrung und Lebensmacht, welche dem Lebenswillen der Einzelnen in der Regel überlegen ist. Die Sicherheit dieser allgemeinen Lebenserfahrung ist der persönlichen gegenüber in dem Verhältnis größer, als die individuellen Gesichtspunkte sich in ihr gegeneinander ausgleichen und die Zahl der Fälle, die den Induktionen zugrunde liegen, zunimmt. Anderseits macht sich in dieser allgemeinen Erfahrung die Unkontrollierbarkeit der Entstehung ihres Wissens vom Leben noch viel stärker als in der individuellen geltend.

3. Unterschiede der Verhaltungsweisen im Leben und Klassen der Aussage in der Lebenserfahrung

In der Lebenserfahrung treten nun verschiedene Klassen von Aussagen auf, welche auf Unterschiede des Verhaltens im Leben zurückgehen. Denn das Leben ist ja nicht nur die Quelle des Wissens, nach seinem Erfahrungsgehalt angesehen; die typischen Verhaltungsweisen der Menschen bedingen auch die verschiedenen Klassen der

Aussagen. Vorläufig soll hier nur die Tatsache dieser Beziehung zwischen der Verschiedenheit im Lebensverhalten und den Aussagen der Lebenserfahrung festgestellt werden.

In den einzelnen tatsächlichen Lebensbezügen, die zwischen dem Ich einerseits und Dingen und Menschen anderseits auftreten, entstehen die einzelnen Zustände des Lebens: differenzierte Lagen des Selbst, Gefühle von Druck oder Steigerung des Daseins, Verlangen nach einem Gegenstand, Furcht oder Hoffnung. Und wie nun Dinge oder Menschen, die eine Forderung an das Selbst stellen, einen Raum in seinem Dasein einnehmen, wie sie Träger von Förderungen oder Hemmungen, Gegenstände des Verlangens, der Zwecksetzung, der Abwendung sind, entstehen anderseits aus diesen Lebensbezügen die zu der Wirklichkeitsauffassung von Menschen und Dingen hinzutretenden Bestimmungen über sie. Alle diese Bestimmungen des Selbst und der Gegenstände oder Personen, wie sie aus den Lebensbezügen hervorgehen, werden zur Besinnung erhoben und in der Sprache ausgedrückt. So treten in dieser Unterschiede wie Wirklichkeitsaussage, Wunsch, Ausrufung, Imperativ auf. Überblickt man die Ausdrücke für die Verhaltensweisen, für die Stellungnahmen des Selbst zu den Menschen und Dingen, so zeigt sich, daß sie unter gewisse oberste Klassen fallen. Sie stellen eine Wirklichkeit fest, sie werten, sie bezeichnen eine Zwecksetzung, sie formulieren eine Regel, sie sprechen die Bedeutung einer Tatsache in dem größeren Zusammenhang, in den sie verflochten ist, aus. Weiter zeigen sich Beziehungen zwischen diesen in der Lebenserfahrung enthaltenen Arten der Aussage. Die Wirklichkeitsauffassungen bilden eine Schicht, auf der die Wertungen beruhen, und die Schicht der Wertungen ist weiter die Unterlage für Zwecksetzungen.

Die in den Lebensbezügen enthaltenen Verhaltensweisen und ihre Erzeugnisse werden gegenständlich gemacht in Aussagen, die diese Verhaltensweisen als Tatbestände feststellen. Ebenso werden die Prädizierungen von Menschen und Dingen, die aus den Lebensbezügen hervorgehen, verselbständigt. Diese Tatbestände werden in der Lebenserfahrung durch ein der Induktion äquivalentes Verfahren zu allgemeinem Wissen erhoben. So entstehen die mannigfachen Sätze, die als Sprichwörter, Lebensregeln, Reflexionen über Leidenschaften, Charaktere und Werte des Lebens in der generalisierenden Volksweisheit und in der Literatur hervorgetreten sind. Und auch in ihnen kehren nun die Unterschiede wieder, die an den Ausdrücken unserer Stellungnahme oder Verhaltensweise bemerkbar sind.

Noch weitere Unterschiede machen sich in den Aussagen der Lebenserfahrung geltend. Schon im Leben selbst entwickeln sich Wirklichkeitserkenntnis, Wertung, Regelgebung, Zwecksetzung in verschiedenen *Stufen*, deren jede die andere zu ihrer Voraussetzung hat. Im gegenständlichen Auffassen sind solche aufgezeigt worden; aber sie bestehen ebenso in den anderen Verhaltensweisen. So setzt die Abschätzung der

57

Wirkungswerte von Dingen oder Menschen voraus, daß die in den Gegenständen enthaltenen Möglichkeiten, Nutzen oder Schaden zu stiften, festgestellt worden sind, und ein Entschluß wird erst möglich durch die Erwägung des Verhältnisses von Zielvorstellungen zur Wirklichkeit und den in ihr gegebenen Mitteln, diese Vorstellungen zu realisieren.

4. Ideelle Einheiten als Träger des Lebens und der Lebenserfahrung

Ein unendlicher Lebensreichtum entfaltet sich in dem individuellen Dasein der einzelnen Personen vermöge ihrer Bezüge zu ihrem Milieu, zu anderen Menschen und Dingen. Aber jedes einzelne Individuum ist zugleich ein Kreuzungspunkt von Zusammenhängen, welche durch die Individuen hindurchgehen, in denselben bestehen, aber über ihr Leben hinausreichen und die durch den Gehalt, den Wert, den Zweck, der sich in ihnen realisiert, ein selbständiges Dasein und eine eigene Entwicklung besitzen. Sie sind so Subjekte ideeller Art. Es wohnt denselben irgendein Wissen von der Wirklichkeit bei; es entwickeln sich in ihnen Gesichtspunkte der Wertschätzung; Zwecke werden in ihnen realisiert; sie haben im Zusammenhang der geistigen Welt eine Bedeutung und behaupten diese.

Dies ist schon in einigen Systemen der Kultur der Fall, in denen eine ihre Glieder zusammenfassende Organisation nicht besteht, wie durchgängig in der Kunst und der Philosophie. Weiter dann entstehen organisierte Verbände. So schafft sich das wirtschaftliche Leben Genossenschaften; in der Wissenschaft entstehen Zentren zur Verwirklichung ihrer Aufgaben; die Religionen entwickeln unter allen Kultursystemen die festesten Organisationen. In der Familie, in verschiedenen Zwischenformen zwischen ihr und dem Staat und in diesem selber findet sich die höchste Ausbildung einheitlicher Zwecksetzung innerhalb einer Gemeinschaft.

Jede organisierte Einheit eines Staates entwickelt eine Kenntnis ihrer selbst wie der Regeln, an die ihr Bestand gebunden ist und ihrer Lage zum Ganzen. Sie genießt die Werte, die sich in ihrem Schoß entwickelt haben; sie realisiert die Zwecke, die in ihrem Wesen liegen und zur Erhaltung und Förderung ihres Daseins dienen. Sie ist selbst ein Gut der Menschheit und verwirklicht Güter. Im Zusammenhang der Menschheit hat sie eine eigene Bedeutung.

Der Punkt ist erreicht, an welchem sich nun Gesellschaft und Geschichte vor uns auftun. Es wäre indes irrtümlich, wollte man Geschichte auf das Zusammenwirken von Menschen zu gemeinsamen Zwecken einschränken. Der einzelne Mensch in seinem auf sich selber ruhenden individuellen Dasein ist ein geschichtliches Wesen. Er ist bestimmt durch seine Stelle in der Linie der Zeit, seinen Ort im Raum, seine Stellung im Zusammenwirken der Kultursysteme und der Gemeinschaften. Der Historiker muß daher das ganze Leben der Individuen, wie es zu einer bestimmten Zeit und an einem bestimmten Ort sich äußert, verstehen. Es ist eben der ganze Zusammenhang, der von den Individuen, sofern sie auf die Entwicklung ihres eigenen Daseins gerichtet sind, zu Kultursystemen und Gemeinschaften, schließlich zu der Menschheit geht, der die Natur der Gesellschaft und der Geschichte ausmacht. Die logischen Subjekte, über die in der Geschichte ausgesagt wird, sind ebenso Einzelindividuen wie Gemeinschaften und Zusammenhänge.

5. Hervorgang der Geisteswissenschaften aus dem Leben der Einzelnen und der Gemeinschaften

Leben, Lebenserfahrung und Geisteswissenschaften stehen so in einem beständigen inneren Zusammenhang und Wechselverkehr. Nicht begriffliches Verfahren bildet die Grundlage der Geisteswissenschaften, sondern Innewerden eines psychischen Zustands in seiner Ganzheit und Wiederfinden desselben im Nacherleben. Leben erfaßt hier Leben, und die Kraft, mit welcher die zwei elementaren Leistungen der Geisteswissenschaften vollzogen werden, ist die Vorbedingung für die Vollkommenheit in jedem Teil derselben.

So bemerkt man auch an diesem Punkt eine durchgreifende Verschiedenheit zwischen Natur- und Geisteswissenschaften. Dort entsteht die Sonderung unseres Verkehrs mit der Außenwelt vom naturwissenschaftlichen Denken, dessen produktive Leistungen esoterisch sind, und hier erhält sich ein Zusammenhang zwischen Leben und Wissenschaft, nach welchem die gedankenbildende Arbeit des Lebens Grundlage für das wissenschaftliche Schaffen bleibt. Die Vertiefung in sich selbst erlangt im Leben unter gewissen Umständen eine Vollkommenheit, hinter der selbst ein Carlyle zurückbleibt, und das Verstehen anderer wird unter ihnen zu einer Virtuosität ausgebildet, die auch Ranke nicht erreicht. Dort sind große religiöse Naturen wie Augustinus und Pascal die ewigen Muster für die Erfahrung, die aus dem eigenen Erlebnis schöpft, und hier im Verstehen anderer Personen erziehen Hof und Politik zu einer Kunst, die hinter jeden Schein blickt; ein Mann der Tat wie Bismarck, dem seiner Natur nach bei jedem Brief, den er schreibt, jedem Gespräch, das er führt, seine Ziele gegenwärtig sind, wird in der Kunst, hinter dem Ausdruck Absichten zu lesen, von keinem Ausleger politischer Akten und keinem Kritiker historischer Berichte erreicht werden. Zwischen der Auffassung eines Dramas in einem Zuhörer von starker poetischer Empfänglichkeit und der vortrefflichsten literarhistorischen Analyse besteht in vielen Fällen kein Abstand. Und auch die Begriffsbildung ist in den Geschichts-und

Gesellschaftswissenschaften durch das Leben selber beständig bestimmt. Ich weise auf den Zusammenhang hin, der vom Leben, von der Begriffsbildung über Schicksal, Charaktere, Leidenschaften, Werte und Zwecke des Daseins beständig zu der Geschichte als Wissenschaft hinüberführt. In der Zeit, in welcher in Frankreich politisches Wirken mehr auf Kenntnis der Menschen und der leitenden Persönlichkeiten als auf einem wissenschaftlichen Studium des Rechtes, der Wirtschaft und des Staates begründet war und die Stellung im Hofleben auf solcher Kunst beruhte, gelangte auch die literarische Form der Memoiren und der Schriften über Charaktere und Leidenschaften auf einen Höhepunkt, den sie nicht wieder erreicht hat, und zwar wurde sie von Personen ausgeübt, welche von dem wissenschaftlichen Studium der Psychologie und Geschichte wenig beeinflußt waren. Ein innerer Zusammenhang verbindet hier die Beobachtung der vornehmen Gesellschaft, die Schriftsteller, die Dichter, die von ihnen lernen, und die systematischen Philosophen und wissenschaftlichen Historiker, die an Poesie und Literatur sich bilden. Man sieht in den Anfängen der politischen Wissenschaft bei den Griechen die Entwicklung der Begriffe von den Verfassungen und von den politischen Leistungen in ihnen aus dem Staatsleben selber entstehen, und neue Schöpfungen in diesem führen dann zu neuen Theorien. Am deutlichsten ist dieses ganze Verhältnis in den älteren Stadien der Rechtswissenschaft sowohl bei den Römern als bei den Germanen.

6. Der Zusammenhang der Geisteswissenschaften mit dem Leben und die Aufgabe ihrer Allgemeingültigkeit

So bildet der Ausgang vom Leben und der dauernde Zusammenhang mit ihm den ersten Grundzug in der Struktur der Geisteswissenschaften; beruhen sie doch auf Erleben, Verstehen und Lebenserfahrung. Dieses unmittelbare Verhältnis, in dem das Leben und die Geisteswissenschaften zueinander stehen, führt in den Geisteswissenschaften zu einem Widerstreit zwischen den Tendenzen des Lebens und ihrem wissenschaftlichen Ziel. Wie Historiker, Nationalökonomen, Staatsrechtslehrer, Religionsforscher im Leben stehen, wollen sie es beeinflussen. Sie unterwerfen geschichtliche Personen, Massenbewegungen, Richtungen ihrem Urteil, und dieses ist von ihrer Individualität, der Nation, der sie angehören, der Zeit, in der sie leben, bedingt. Selbst wo sie voraussetzungslos zu verfahren glauben, sind sie von diesem ihrem Geschitskreis bestimmt; zeigt doch jede Analyse, die an den Begriffen einer vergangenen Generation vorgenommen wird, in diesen Begriffen Bestandteile, die aus den Voraussetzungen der Zeit entstanden sind. Zugleich aber ist doch in jeder Wissenschaft als solcher die Forderung der Allgemeingültigkeit enthalten. Soll es

Geisteswissenschaften in dem strengen Verstande von Wissenschaft geben, so müssen sie immer bewußter und kritischer dies Ziel sich setzen.

Auf dem *Widerstreit* dieser beiden *Tendenzen* beruht ein großer Teil der wissenschaftlichen Gegensätze, die sich in der letzten Zeit in der Logik der Geisteswissenschaften geltend gemacht haben. Am stärksten äußert dieser Widerstreit sich in der Geschichtswissenschaft. So ist sie auch zum Mittelpunkt dieser Diskussion geworden.

Die Auflösung dieses Widerstreites vollzieht sich erst im Aufbau der Geisteswissenschaften: doch enthalten schon die weiteren allgemeinen Sätze über den Zusammenhang der Geisteswissenschaften das Prinzip dieser Auflösung. Unser bisheriges Ergebnis bleibt bestehen. Leben und Lebenserfahrung sind die immer frisch fließenden Quellen des Verständnisses der gesellschaftlich-geschichtlichen Welt; das Verständnis dringt vom Leben aus in immer neue Tiefen; nur in der Rückwirkung auf Leben und Gesellschaft erlangen die Geisteswissenschaften ihre höchste Bedeutung, und diese Bedeutung ist in beständiger Zunahme begriffen. Aber der Weg zu dieser Wirkung muß durch die Objektivität der wissenschaftlichen Erkenntnis gehen. Das Bewußtsein hiervon war schon in der großen schöpferischen Epoche der Geisteswissenschaften wirksam. Nach manchen Störungen, die im Gang unserer nationalen Entwicklung, doch ebenso auch in der Anwendung eines einseitigen Kulturideals seit Jakob Burckhardt gelegen haben, sind wir heute vom Streben erfüllt, diese Objektivität der Geisteswissenschaften immer voraussetzungsloser, kritischer, strenger herauszuarbeiten. Ich finde das *Prinzip* für die *Auflösung* des *Widerstreites* in diesen Wissenschaften in dem Verständnis der geschichtlichen Welt als eines Wirkungszusammenhanges, der in sich selbst zentriert ist, indem jeder einzelne in ihm enthaltene Wirkungszusammenhang durch die Setzung von Werten und die Realisierung von Zwecken seinen Mittelpunkt in sich selber hat, alle aber strukturell zu einem Ganzen verbunden sind, in welchem aus der Bedeutsamkeit der einzelnen Teile der Sinn des Zusammenhanges der gesellschaftlich-geschichtlichen Welt entspringt: so daß ausschließlich in diesem strukturellen Zusammenhang jedes Werturteil und jede Zwecksetzung, die in die Zukunft reicht, gegründet sein muß. Diesem Idealprinzip nähern wir uns nun in den nachfolgenden weiteren allgemeinen Sätzen über den Zusammenhang der Geisteswissenschaften.

Zweites Kapitel
Die Verfahrungsweisen, in denen die geistige Welt gegeben ist

Der Zusammenhang der Geisteswissenschaften ist bestimmt durch ihre Grundlage im Erleben und Verstehen, und in beiden machen sich sogleich durchgreifende Unterschiede von den Naturwissenschaften geltend, welche dem Aufbau der Geisteswissenschaften seinen eigenen Charakter geben.

1. Die Linie der Repräsentationen vom Erlebnis aus

Jedes optische Bild ist von dem anderen, das sich auf denselben Gegenstand bezieht, durch den Gesichtspunkt und die Bedingungen der Auffassung verschieden. Diese Bilder werden nun durch die verschiedenen Arten des gegenständlichen Auffassens zu einem System innerer Beziehungen verbunden. Die Totalvorstellung, die so aus der Reihe der Bilder nach den im Sachverhalt enthaltenen Grundverhältnissen entsteht, ist ein Hinzuvorgestelltes, Hinzugedachtes. Dagegen sind die Erlebnisse in einer Lebenseinheit im Zeitverlauf aufeinander bezogen; jedes derselben hat so seine Stelle in einem Verlauf, dessen Glieder in der Erinnerung miteinander verbunden sind. Ich spreche hier noch nicht von dem Problem der Realität dieser Erlebnisse und ebensowenig von den Schwierigkeiten, welche die Auffassung eines Erlebnisses enthält; es genügt, daß die Art, wie das Erlebnis für mich da ist, ganz verschieden von der Art ist, in welcher Bilder vor mir dastehen. Das Bewußtsein von einem Erlebnis und seine Beschaffenheit, sein Fürmichdasein und was in ihm für mich da ist, sind eins: Das Erlebnis steht nicht als ein Objekt dem Auffassenden gegenüber, sondern sein Dasein für mich ist ununterschieden von dem, *was* in ihm für mich da ist. Es gibt hier keine verschiedenen Stellen im Raum, von denen aus das, was in ihm da ist, gesehen würde. Und verschiedene Gesichtspunkte, unter denen es aufgefaßt würde, können nur nachträglich durch die Reflexion entstehen und berühren es selber in seinem Erlebnischarakter nicht. Es ist der Relativität des sinnlich Gegebenen entnommen, nach welcher die Bilder nur in der Relation zu dem Auffassenden, zu seiner Stellung im Raum und dem zwischen ihm und den Gegenständen Liegenden auf das Gegenständliche sich beziehen. Vom Erlebnis geht so eine direkte Linie von Repräsentationen bis zu der Ordnung der Begriffe, in der es denkend aufgefaßt wird. Es wird zunächst aufgeklärt durch die elementaren Denkleistungen. Die Erinnerungen, in denen es weiter aufgefaßt wird, haben hier eine eigene Bedeutung. Und was geschieht nun, wenn das Erlebnis Gegenstand meiner Reflexion wird? Ich liege des Nachts wachend, ich sorge um die Möglichkeit, begonnene Arbeiten in meinem Alter zu vollenden, ich überlege, was zu tun sei. In diesem Erlebnis ist ein struktureller Bewußtseinszusammenhang: ein gegenständliches Auffassen bildet seine Grundlage, auf dieser beruht eine Stellungnahme als Sorge um und als Leiden über den gegenständlich aufgefaßten Tatbestand, als Streben über ihn hinauszugelangen. Und alles das ist für mich in diesem seinem Strukturzusammenhang da. Ich bringe den Zustand zu distinguierendem Bewußtsein. Ich hebe das strukturell Bezogene heraus, isoliere es. Alles, was ich so heraushebe, ist im Erlebnis selbst enthalten und wird so nur aufgeklärt. Nun aber wird mein Auffassen vom Erlebnis selbst auf Grund der in ihm enthaltenen Momente zu Erlebnissen fortgezogen, welche im Verlauf des Lebens, wenn auch durch lange Zeiträume getrennt, strukturell mit solchen Momenten verbunden waren; ich weiß von meinen Arbeiten durch eine frühere Musterung, damit stehen in weiter Ferne der Vergangenheit die Vorgänge in Beziehung, in denen diese Arbeiten entstanden. Ein anderes Moment leitet in die Zukunft; das Daliegende wird noch unberechenbare Arbeit von mir verlangen, ich bin besorgt darüber, ich richte mich innerlich auf die Leistung ein. All dies Über, Von und Auf, all diese Beziehungen des Erlebten auf Erinnertes und ebenso auf Zukünftiges zieht mich fort – rückwärts und vorwärts. Das Fortgezogenwerden in dieser Reihe beruht auf der Forderung immer neuer Glieder, die das Durcherleben verlangt. Dabei kann auch ein aus der Gefühlsmacht des Erlebens hinzutretendes Interesse mitwirken. Es ist ein Fortgezogenwerden, keine Volition, am wenigsten das abstrakte Wissenwollen, auf das seit Schleiermachers Dialektik zurückgegangen worden ist. In der Reihe, die so entsteht, ist das Vergangene wie das Zukünftige, Mögliche dem vom Erlebnis erfüllten Moment transzendent. Aber beides, Vergangenes und Zukünftiges, sind auf das Erlebnis bezogen in einer Reihe, welche durch solche Beziehungen zu einem Ganzen sich gliedert. Jedes Vergangene ist, da seine Erinnerung Wiedererkennen einschließt, strukturell als Abbildung auf ein ehemaliges Erlebnis bezogen. Das künftig Mögliche ist ebenfalls mit der Reihe durch den von ihr bestimmten Umkreis von Möglichkeiten verbunden. So entsteht in diesem Vorgang die Anschauung des psychischen Zusammenhanges in der Zeit, der *den Lebensverlauf* ausmacht. In diesem Lebensverlauf ist jedes einzelne Erlebnis auf ein Ganzes bezogen. Dieser Lebenszusammenhang ist nicht eine Summe oder ein Inbegriff aufeinanderfolgender Momente, sondern eine durch Beziehungen, die alle Teile verbinden, konstituierte Einheit. Von dem Gegenwärtigen aus durchlaufen wir rückwärts eine Reihe von Erinnerungen bis dahin, wo unser kleines ungefestigtes, ungestaltetes Selbst sich in der Dämmerung verliert, und wir dringen vorwärts von dieser Gegenwart zu Möglichkeiten, die in ihr angelegt sind und vage, weite Dimensionen annehmen.

So entsteht ein wichtiges Resultat für den Zusammenhang der Geisteswissenschaften. Die Bestandteile, Regelmäßigkeiten, Beziehungen, welche die Anschauung des

Lebensverlaufes konstituieren, sind allesamt im Leben selber enthalten; dem Wissen vom Lebensverlauf kommt derselbe Realitätscharakter zu wie dem vom Erlebnis.

2. Das Verhältnis gegenseitiger Abhängigkeit im Verstehen

Erfahren wir so in den Erlebnissen die Lebenswirklichkeit in der Mannigfaltigkeit ihrer Bezüge, so scheint es doch, so angesehen, immer nur ein Singulares, unser eigenes Leben zu sein, von dem wir im Erleben wissen. Es bleibt ein Wissen von einem Einmaligen, und kein logisches Hilfsmittel kann die in der Erfahrungsweise des Erlebens enthaltene Beschränkung auf das Einmalige überwinden. Das Verstehen erst hebt die Beschränkung des Individualerlebnisses auf, wie es anderseits dann wieder den persönlichen Erlebnissen den Charakter von Lebenserfahrung verleiht. Wie es sich auf mehrere Menschen, geistige Schöpfungen und Gemeinschaften erstreckt, erweitert es den Horizont des Einzellebens und macht in den Geisteswissenschaften die Bahn frei, die durch das Gemeinsame zum Allgemeinen führt.

Das gegenseitige Verstehen versichert uns der *Gemeinsamkeit*, die zwischen den Individuen besteht. Die Individuen sind miteinander durch eine Gemeinsamkeit verbunden, in welcher Zusammengehören oder Zusammenhang, Gleichartigkeit oder Verwandtschaft miteinander verknüpft sind. Dieselbe Beziehung von Zusammenhang und Gleichartigkeit geht durch alle Kreise der Menschenwelt hindurch. Diese Gemeinsamkeit äußert sich in der Selbigkeit der Vernunft, der Sympathie im Gefühlsleben, der gegenseitigen Bindung in Pflicht und Recht, die vom Bewußtsein des Sollens begleitet ist.

Die Gemeinsamkeit der Lebenseinheiten ist nun der Ausgangspunkt für alle Beziehungen des Besonderen und Allgemeinen in den Geisteswissenschaften. Durch die ganze Auffassung der geistigen Welt geht solche Grunderfahrung der Gemeinsamkeit hindurch, in welcher Bewußtsein des einheitlichen Selbst und das der Gleichartigkeit mit den Anderen, Selbigkeit der Menschennatur und Individualität miteinander verbunden sind. Sie ist es, die die Voraussetzung für das Verstehen bildet. Von der elementaren Interpretation ab, die nur die Kenntnis von der Bedeutung der Worte und von der Regelhaftigkeit, mit der sie in Sätzen zu einem Sinn verbunden sind, sonach Gemeinsamkeit der Sprache und des Denkens fordert, erweitert sich beständig der Umkreis des Gemeinsamen, welcher den Verständnisvorgang möglich macht, in dem Maß, in welchem höhere Verbindungen von Lebensäußerungen den Gegenstand dieses Vorganges ausmachen.

Aus der Analyse des Verstehens ergibt sich nun aber ein zweites Grundverhältnis, das für die Struktur des geisteswissenschaftlichen Zusammenhanges bestimmend ist.

Wir sahen, wie auf dem Erleben und Verstehen die geisteswissenschaftlichen Wahrheiten beruhen: nun *setzt* aber das *Verstehen* anderseits die Verwertung geisteswissenschaftlicher *Wahrheiten* voraus. Ich erläutere dies an einem Beispiel. Die Aufgabe sei, Bismarck zu verstehen. Eine außerordentliche Fülle von Briefen, Aktenstücken, Erzählungen und Berichten über ihn bildet das Material. Dieses bezieht sich auf seinen Lebensverlauf. Der Historiker muß nun dies Material erweitern, um das, was auf den großen Staatsmann einwirkte, wie das, was er erwirkt hat, zu erfassen. Ja, solange der Vorgang des Verstehens dauert, ist auch die Abgrenzung des Materials noch nicht abgeschlossen. Schon um Menschen, Ereignisse, Zustände als diesem Wirkungszusammenhang zugehörig zu erkennen, bedarf er allgemeiner Sätze. Sie liegen dann auch seinem Verständnis Bismarcks zugrunde. Sie erstrecken sich von den gemeinsamen Eigenschaften des Menschen zu den besonderen einzelner Klassen. Der Historiker wird individualpsychologisch Bismarck unter den Tatmenschen seine Stelle geben, und in ihm der eigenen Kombination von Zügen, die solchen gemeinsam sind, nachgehen. Er wird unter einem anderen Gesichtspunkt in der Souveränität seines Wesens, in der Gewöhnung, zu herrschen und zu leiten, in der Ungebrochenheit des Willens Eigenschaften des grundbesitzenden preußischen Adels wiederfinden. Wie sein langes Leben eine bestimmte Stelle im Verlauf der preußischen Geschichte einnimmt, ist es wieder eine andere Gruppe allgemeiner Sätze, durch welche die gemeinsamen Züge der Menschen dieser Zeit bestimmt werden. Der ungeheure Druck, der nach der Staatslage auf dem politischen Selbstgefühl lastete, rief die verschiedensten Arten von Reaktion naturgemäß hervor. Das Verständnis hiervon fordert allgemeine Sätze über den Druck, den eine Lage auf ein politisches Ganze und seine Glieder übt und über deren Rückwirkung. Die Grade der methodischen Sicherheit im Verständnis sind von der Entwicklung der allgemeinen Wahrheiten abhängig, durch welche dies Verhältnis seine Fundierung erhält. Es wird nun klar, daß dieser große Tatmensch, der ganz in Preußen und seinem Königtum wurzelt, den auf Preußen von außen lastenden Druck auf besondere Art fühlen wird. Er muß daher die inneren Fragen der Verfassung dieses Staates vornehmlich unter dem Gesichtspunkt der Macht des Staates taxieren. Und wie er Kreuzungspunkt von Gemeinsamkeiten wie Staat, Religion, Rechtsordnung ist, und als historische Persönlichkeit eine von diesen Gemeinsamkeiten eminent bestimmte und bewegte, und zugleich in sie wirkende Kraft, so fordert das vom Historiker ein allgemeines Wissen von diesen Gemeinsamkeiten. Kurz, sein Verstehen wird seine Vollkommenheit schließlich erst durch die Beziehung zum Inbegriff aller Geisteswissenschaften erlangen. Jede Beziehung, die in der Darstellung dieser historischen Persönlichkeit herausgearbeitet werden muß, erhält die höchst erreichbare Sicherheit und Deutlichkeit erst durch ihre Bestimmung vermittels der wissenschaftlichen Begriffe über die einzelnen Gebiete. Und das Verhältnis dieser

Gebiete zueinander ist schließlich in einer Gesamtanschauung der geschichtlichen Welt gegründet.

So verdeutlicht uns unser Beispiel die zweifache Relation, die in dem Verstehen angelegt ist. Das Verstehen setzt ein Erleben voraus, und das Erlebnis wird erst zu einer Lebenserfahrung dadurch, daß das Verstehen aus der Enge und Subjektivität des Erlebens hinausführt in die Region des Ganzen und des Allgemeinen. Und weiter fordert das Verstehen der einzelnen Persönlichkeit zu seiner Vollendung das systematische Wissen, wie anderseits wieder das systematische Wissen abhängig ist von dem lebendigen Erfassen der einzelnen Lebenseinheit. Die Erkenntnis der anorganischen Natur vollzieht sich in einem Aufbau der Wissenschaften, in welchem die untere Schicht jedesmal unabhängig von der ist, die sie begründet: in den Geisteswissenschaften ist vom Vorgang des Verstehens ab alles durch das Verhältnis *gegenseitiger Abhängigkeit* bestimmt.

Dem entspricht der geschichtliche Verlauf dieser Wissenschaften. Die Geschichtsschreibung ist an jedem Punkt bedingt vom Wissen über die in den geschichtlichen Verlauf verwebten systematischen Zusammenhänge, und deren tiefere Ergründung bestimmt den Fortgang des historischen Verstehens. Thukydides beruhte auf dem politischen Wissen, das in der Praxis der griechischen Freistaaten entstanden war, und auf den staatsrechtlichen Doktrinen, die sich in der Periode der Sophisten entwickelt haben. Polybios hat in sich die ganze politische Weisheit der römischen Aristokratie, die zu dieser Zeit auf dem Höhepunkt ihrer gesellschaftlichen und geistigen Entwicklung stand, zusammengenommen mit dem Studium der griechischen politischen Werke von Platon bis zur Stoa. Die Verbindung der florentinischen und venezianischen Staatsweisheit, wie sie in einer hochentwickelten und politisch lebhaft debattierenden oberen Gesellschaft sich entwickelt hatte, mit der Erneuerung und Fortbildung der antiken Theorien, hat die Geschichtsschreibung von Machiavelli und Guicciardini möglich gemacht. Die kirchliche Geschichtsschreibung des Eusebios, der Anhänger der Reformation und ihrer Gegner, wie die Neanders und Ritschls, ist von systematischen Begriffen über den religiösen Prozeß und das kirchliche Recht erfüllt gewesen. Und endlich hatte die Begründung der modernen Geschichtsschreibung in der historischen Schule und in Hegel dort die Verbindung der neuen Rechtswissenschaft mit den Erfahrungen der Revolutionszeit und hier die ganze Systematik der neuentstandenen Geisteswissenschaften hinter sich. Wenn Ranke in naiver Erzählerfreude den Dingen gegenüberzutreten scheint, so kann seine Geschichtsschreibung doch nur verstanden werden, wenn man den mannigfachen Quellen systematischen Denkens nachgeht, die in seiner Bildung zusammengeflossen sind. Und im Fortschreiten zur Gegenwart hin nimmt diese gegenseitige Abhängigkeit des Historischen und Systematischen immer zu.

Selbst die historische Kritik ist in ihren großen epochemachenden Leistungen neben ihrer Bedingtheit durch die formale Entwicklung der Methode jedesmal von der tieferen Erfassung systematischer Zusammenhänge abhängig gewesen – von den Fortschritten der Grammatik, vom Studium des Zusammenhangs der Rede, wie es zunächst in der Rhetorik sich ausgebildet hatte, dann von der neueren Auffassung der Poesie, – wie uns denn Wolfs Vorgänger, die aus einer neuen Poetik ihre Schlüsse auf Homer machten, immer deutlicher bekannt werden –, in Fr. A. Wolf selbst von der neuen ästhetischen Kultur, in Niebuhr von nationalökonomischen, juristischen und politischen Einsichten, in Schleiermacher von der neuen Philosophie, die Platon kongenial war, und in Baur von dem Verständnis des Vorgangs, in welchem die Dogmen sich gebildet haben, wie es Schleiermacher und Hegel geschaffen hatten.

Und umgekehrt ist der Fortschritt in den systematischen Geisteswissenschaften immer bedingt gewesen durch den Fortgang des Erlebens in neue Tiefen, die Ausbreitung des Verstehens in einem weiteren Umfang von Äußerungen des historischen Lebens, die Eröffnung bis dahin unbekannter historischer Quellen oder das Emporsteigen großer Erfahrungsmassen in neuen geschichtlichen Lagen. Dies zeigt schon die Ausbildung der ersten Linien einer politischen Wissenschaft in der Zeit der Sophisten, des Platon und Aristoteles wie die Entstehung einer Rhetorik und Poetik als einer Theorie des geistigen Schaffens zu derselben Zeit.

Überall war so Ineinanderwirken von Erleben, Verstehen einzelner Personen oder der Gemeinsamkeiten als überindividueller Subjekte bestimmend in den großen Fortschritten der Geisteswissenschaften. Die einzelnen Genies der erzählenden Kunst wie Thukydides, Guicciardini, Gibbon, Macaulay, Ranke bringen auch in der Beschränkung zeitlose historische Werke hervor; in dem Ganzen der Geisteswissenschaft regiert doch ein Fortschritt: die Einsicht in die Zusammenhänge, die in der Geschichte zusammenwirken, wird allmählich für das historische Bewußtsein erobert, die Historie dringt in die Beziehungen zwischen diesen Zusammenhängen, wie sie eine Nation, ein Zeitalter, eine historische Entwicklungslinie konstituieren, und von da aus schließen sich dann wieder Tiefen des Lebens, wie es an den einzelnen historischen Stellen bestanden hat, auf, die über alles frühere Verstehen hinausreichen. Wie könnte mit dem Verständnis eines heutigen Historikers von Künstlern, Dichtern, Schriftstellern irgendein früheres verglichen werden!

3. Die allmähliche Aufklärung der Lebensäußerungen durch die beständige Wechselwirkung der beiden Wissenschaften

So ergibt sich uns als Grundverhältnis von Erleben und Verstehen das Verhältnis wechselseitiger Bedingtheit. Näher bestimmt sich dieses als das der *allmählichen Aufklärung* in der beständigen Wechselwirkung der beiden Klassen von Wahrheiten. Die Dunkelheit des Erlebnisses wird verdeutlicht, die Fehler, die aus der engeren Auffassung des Subjektes entspringen, werden verbessert, das Erlebnis selbst erweitert und vollendet im Verstehen anderer Personen, wie anderseits die andern Personen verstanden werden vermittels der eigenen Erlebnisse. Das Verstehen erweitert immer mehr den Umfang des historischen Wissens durch die intensivere Verwertung der Quellen, durch das Zurückdringen in bis dahin unverstandene Vergangenheit, und schließlich durch das Fortrücken der Geschichte selbst, das immer neue Ereignisse hervorbringt und so den Gegenstand des Verstehens selber verbreitert. In diesem Fortgang fordert solche Erweiterung immer neue allgemeine Wahrheiten zur Durchdringung dieser Welt des Einmaligen. Und die Ausdehnung des historischen Horizonts ermöglicht zugleich die Ausbildung immer allgemeinerer und fruchtbarerer Begriffe. So entsteht in der geisteswissenschaftlichen Arbeit an jedem Punkte derselben und zu jeder Zeit eine Zirkulation von Erleben, Verstehen und Repräsentation der geistigen Welt in allgemeinen Begriffen. Und jede Stufe dieser Arbeit besitzt nun eine innere Einheit in ihrer Auffassung der geistigen Welt, indem sich das historische Wissen des Singularen und die allgemeinen Wahrheiten in Wechselwirkung miteinander entwickeln und daher derselben Einheit der Auffassung angehören. Auf jeder *Stufe* ist das *Verständnis* der geistigen Welt ein *Einheitliches* – homogen, von der Konzeption der geistigen Welt bis in die Methode der Kritik und der Einzeluntersuchung.

Und hier mögen wir noch einmal zurückblicken auf die Zeit, in welcher das moderne historische Bewußtsein entstand. Es wurde erreicht, als die Begriffsbildung, der systematischen Wissenschaften auf das Studium des historischen Lebens mit Bewußtsein begründet und das Wissen des Singularen mit Bewußtsein von den systematischen Wissenschaften der politischen Ökonomie, des Rechts, des Staats, der Religion durchdrungen wurde. An diesem Punkte konnte dann die methodische Einsicht in den Zusammenhang der Geisteswissenschaften entstehen. Dieselbe geistige Welt wird nach der Einsicht durch die Verschiedenheit der Auffassung zum Objekt zweier Klassen von Wissenschaften. Universalgeschichte als singularer Zusammenhang, deren Gegenstand die Menschheit ist, und das System der selbständig konstituierten Geisteswissenschaften vom Menschen, von Sprache, Wirtschaft, Staat, Recht, Religion und Kunst ergänzen einander. Sie sind getrennt durch ihr Ziel und die von ihm bestimmten Methoden, und zugleich wirken sie in ihrem beständigen Bezug aufeinander zusammen zum Aufbau des Wissens von der geistigen Welt. Von der Grundleistung des Verstehens ab sind Erleben, Nacherleben und allgemeine Wahrheiten verbunden. Die Begriffsbildung ist nicht fundiert in jenseits des gegenständlichen Auffassens auftretenden Normen oder Werten, sondern sie entsteht aus dem Zug, der alles begriffliche Denken beherrscht, das Feste, Dauernde aus dem Fluß des Verlaufes herauszuheben. In einer doppelten Richtung bewegt sich so die Methode. In der Richtung auf das Einmalige geht sie vom Teil zum Ganzen und rückwärts von diesem zum Teil, und in der Richtung auf das Allgemeine besteht dieselbe Wechselwirkung zwischen diesem und dem Einzelnen.

Drittes Kapitel
Die Objektivation des Lebens
1.

Erfassen wir die Summe aller Leistungen des Verstehens, so tut sich in ihm gegenüber der Subjektivität des Erlebnisses die Objektivierung des Lebens auf. Neben dem Erlebnis wird die Anschauung von der Objektivität des Lebens, seiner Veräußerlichung in mannigfachen strukturellen Zusammenhängen zur Grundlage der Geisteswissenschaften. Das Individuum, die Gemeinschaften und die Werke, in welche Leben und Geist sich hineinverlegt haben, bilden das äußere Reich des Geistes. Diese Manifestationen des Lebens, wie sie in der Außenwelt dem Verständnis sich darstellen, sind gleichsam eingebettet in den Zusammenhang der Natur. Immer umgibt uns diese große äußere Wirklichkeit des Geistes. Sie ist eine Realisierung des Geistes in der Sinnenwelt vom flüchtigen Ausdruck bis zur jahrhundertelangen Herrschaft einer Verfassung oder eines Rechtsbuchs. Jede *einzelne Lebensäußerung repräsentiert* im Reich dieses objektiven Geistes ein *Gemeinsames*. Jedes Wort, jeder Satz, jede Gebärde oder Höflichkeitsformel, jedes Kunstwerk und jede historische Tat sind nur verständlich, weil eine Gemeinsamkeit den sich in ihnen Äußernden mit dem Verstehenden verbindet; der einzelne erlebt, denkt und handelt stets in einer Sphäre von Gemeinsamkeit, und nur in einer solchen versteht er. Alles Verstandene trägt gleichsam die Marke des Bekanntseins aus solcher Gemeinsamkeit an sich. Wir leben in dieser Atmosphäre, sie umgibt uns beständig. Wir sind eingetaucht in sie. Wir sind in dieser geschichtlichen und verstandenen Welt überall zu Hause, wir verstehen Sinn und Bedeutung von dem allen, wir selbst sind verwebt in diese Gemeinsamkeiten.

Der Wechsel der Lebensäußerungen, die auf uns einwirken, fordert uns beständig zu neuem Verstehen auf; es liegt aber zugleich im Verstehen selbst, da jede Lebensäußerung und ihr Verständnis mit anderen zusammenhängt, ein

Fortgezogenwerden, das nach Verhältnissen der Verwandtschaft von dem gegebenen Einzelnen zum Ganzen fortschreitet. Und wie die Beziehungen zwischen dem Verwandten zunehmen, wachsen damit zugleich die Möglichkeiten von Verallgemeinerungen, die schon in der Gemeinsamkeit als einer Bestimmung des Verstandenen angelegt sind.

Im Verstehen macht sich eine weitere Eigenschaft der Objektivation des Lebens geltend, welche sowohl die Gliederung nach Verwandtschaft als die Richtung der Verallgemeinerung bestimmt. Die Objektivation des Lebens enthält in sich eine *Mannigfaltigkeit gegliederter Ordnungen*. Von der Unterscheidung der Rassen abwärts bis zur Verschiedenheit der Ausdrucksweisen und Sitten in einem Volksstamm, ja in einer Landstadt, geht eine naturbedingte Gliederung geistiger Unterschiede. Differenzierungen anderer Art treten dann in den Kultursystemen hervor, andere sondern die Zeitalter voneinander – kurz: viele Linien, welche Kreise verwandten Lebens unter irgendeinem Gesichtspunkt abgrenzen, durchziehen die Welt des objektiven Geistes und kreuzen sich in ihr. In unzähligen Nuancen äußert sich die Fülle des Lebens und wird durch die Wiederkehr dieser Unterschiede verstanden.

Durch die Idee der Objektivation des Lebens erst gewinnen wir einen Einblick in das Wesen des Geschichtlichen. Alles ist hier durch geistiges Tun entstanden und trägt daher den Charakter der Historizität. In die Sinnenwelt selbst ist es verwoben als Produkt der Geschichte. Von der Verteilung der Bäume in einem Park, der Anordnung der Häuser in einer Straße, dem zweckmäßigen Werkzeug des Handwerkers bis zu dem Strafurteil im Gerichtsgebäude ist um uns stündlich geschichtlich Gewordenes. Was der Geist heute hineinverlegt von seinem Charakter in seine Lebensäußerung, ist morgen, wenn es dasteht, Geschichte. Wie die Zeit voranschreitet, sind wir von Römerruinen, Kathedralen, Lustschlössern der Selbstherrschaft umgeben. Geschichte ist nichts vom Leben Getrenntes, nichts von der Gegenwart durch ihre Zeitferne Gesondertes.

Ich fasse das Ergebnis zusammen. Die Geisteswissenschaften haben als ihre umfassende Gegebenheit die Objektivation des Lebens. Indem nun aber die Objektivation des Lebens für uns ein Verstandenes wird, enthält sie als solches überall die Beziehung des Äußeren zum Inneren. Sonach ist diese Objektivation überall bezogen im Verstehen auf das Erleben, in welchem der Lebenseinheit sich ihr eigener Gehalt erschließt und den aller anderen zu deuten gestattet. Sind nun hierin die Gegebenheiten der Geisteswissenschaften enthalten, so zeigt es sich uns sogleich, daß man alles Feste, alles Fremde, wie es den Bildern der physischen Welt eigen ist, wegdenken muß von dem Begriff des Gegebenen auf diesem Gebiet. Alles Gegebene ist hier hervorgebracht, also geschichtlich; es ist verstanden, also enthält es ein Gemeinsames in sich; es ist bekannt, weil verstanden, und es enthält eine Gruppierung des Mannigfaltigen in sich, da schon die Deutung der Lebensäußerung im höheren Verstehen auf einer solchen beruht. Damit ist auch das Verfahren der Klassifikation der Lebensäußerungen schon angelegt in den Gegebenheiten der Geisteswissenschaften.

Und hier vollendet sich nun der *Begriff* der *Geisteswissenschaften*. Ihr Umfang reicht so weit wie das Verstehen, und das Verstehen hat nun seinen einheitlichen Gegenstand in der Objektivation des Lebens. So ist der Begriff der Geisteswissenschaft nach dem Umfang der Erscheinungen, der unter sie fällt, bestimmt durch die Objektivation des Lebens in der äußeren Welt. Nur was der Geist geschaffen hat, versteht er. Die Natur, der Gegenstand der Naturwissenschaft, umfaßt die unabhängig vom Wirken des Geistes hervorgebrachte Wirklichkeit. Alles, dem der Mensch wirkend sein Gepräge aufgedrückt hat, bildet den Gegenstand der Geisteswissenschaften.

Und auch der Ausdruck »Geisteswissenschaft« erhält an dieser Stelle seine Rechtfertigung. Es war früher die Rede vom Geist der Gesetze, des Rechts, der Verfassung. Jetzt können wir sagen, daß *alles, worin der Geist sich objektiviert* hat, in den Umkreis der *Geisteswissenschaften* fällt.

2.

Ich habe bisher diese Objektivation des Lebens auch mit dem Namen des objektiven Geistes bezeichnet. Das Wort ist von Hegel tiefsinnig und glücklich gebildet. Ich muß aber den Sinn, in dem ich es gebrauche, genau und deutlich von dem unterscheiden, den Hegel mit ihm verbindet. Dieser Unterschied betrifft ebenso die systematische Stelle des Begriffes wie seine Abzweckung und seinen Umfang.

Im System Hegels bezeichnet das Wort eine Stufe in der Entwicklung des Geistes. Hegel setzt diese Stufe ein zwischen den subjektiven und den absoluten Geist. Der Begriff des objektiven Geistes hat sonach seine Stelle bei ihm in der ideellen Konstruktion der Entwicklung des Geistes, welche zwar seine historische Wirklichkeit und die in ihr waltenden Beziehungen zu ihrer realen Unterlage hat und sie spekulativ begreiflich machen will, aber eben darum die zeitlichen, empirischen, historischen Beziehungen hinter sich läßt. Die Idee, welche in der Natur zu ihrem Anderssein sich entäußert, aus sich heraustritt, kehrt auf der Grundlage dieser Natur im Geist zurück zu sich selbst. Der Weltgeist nimmt sich zurück in seine reine Idealität. Er verwirklicht seine Freiheit in seiner Entwicklung.

Als subjektiver Geist ist er die Mannigfaltigkeit der Einzelgeister. Indem in dieser der Wille auf dem Grunde der Erkenntnis des sich in der Welt verwirklichenden vernünftigen Zweckes sich realisiert, vollzieht sich im Einzelgeist der Übergang zur Freiheit. Damit ist die Grundlage für die Philosophie des objektiven Geistes gegeben.

Diese zeigt nun, wie sich der freie vernünftige und darum an sich allgemeine Wille in einer sittlichen Welt objektiviert; »die Freiheit, die den Inhalt und Zweck der Freiheit hat, ist selbst zunächst nur Begriff, Prinzip des Geistes und Herzens und sich zur Gegenständlichkeit zu entwickeln bestimmt, zur rechtlichen, sittlichen und religiösen wie wissenschaftlichen Wirklichkeit.«[15] Hiermit ist die Entwicklung durch den objektiven zum absoluten Geist gesetzt; »der objektive Geist ist die absolute Idee, aber nur an sich seiend; indem er damit auf dem Boden der Endlichkeit ist, behält seine wirkliche Vernünftigkeit die Seite äußerlichen Erscheinens an ihr«.[16]

Die Objektivierung des Geistes vollzieht sich im Recht, der Moralität und der Sittlichkeit. Die Sittlichkeit verwirklicht den allgemeinen vernünftigen Willen in der Familie, der bürgerlichen Gesellschaft und dem Staat. Und der Staat verwirklicht in der Weltgeschichte sein Wesen als die äußere Wirklichkeit der sittlichen Idee.

Damit hat die ideelle Konstruktion der geschichtlichen Welt den Punkt erreicht, an welchen die beiden Stufen des Geistes, der allgemeine vernünftige Wille des Einzelsubjektes und dessen Objektivierung in der sittlichen Welt als ihre höhere Einheit die letzte und höchste Stufe möglich machen – das Wissen des Geistes von sich selbst als der schaffenden Macht aller Wirklichkeit in Kunst, Religion und Philosophie. »Der subjektive und objektive Geist sind als der Weg anzusehen, auf welchem sich« die höchste Realität des Geistes, der absolute Geist, ausbildet.

Welche waren geschichtliche Stellung und Gehalt dieses von Hegel entdeckten Begriffes vom objektiven Geiste? Die tief verkannte deutsche Aufklärung hatte die Bedeutung des Staates als des allumfassenden Gemeinwesens, welches die den Individuen einwohnende Sittlichkeit realisiert, erkannt. Nie hat sich seit den Tagen der Griechen und Römer irgendwo mächtiger und tiefer das Verständnis von Staat und Recht ausgesprochen als bei einem Carmer, Svarez, Klein, Zedlitz, Herzberg, den leitenden Beamten des friderizianischen Staates. Diese Anschauung vom Wesen und Wert des Staates verband sich in Hegel mit den Ideen des Altertums von Sittlichkeit und Staat, mit der Erfassung der Realität dieser Ideen in der alten Welt. Die Bedeutung der Gemeinsamkeiten in der Geschichte kam nun zur Geltung. Die historische Schule gelangte gleichzeitig zu derselben Entdeckung des Gemeingeistes, die Hegel durch eine eigene Art metaphysisch-historischer Intuition gemacht hatte, auf dem Weg der historischen Forschung. Auch sie kam zu einem über die griechischen idealistischen Philosophen hinausreichenden Verständnis des aus dem Zusammenwirken der Individuen nicht ableitbaren Wesens der Gemeinschaft in Sitte, Staat, Recht und Glaube. Damit ging das geschichtliche Bewußtsein in Deutschland auf.

Hegel hat in Einen Begriff das Ergebnis dieser ganzen Bewegung zusammengefaßt – in den des objektiven Geistes.

Aber die Voraussetzungen, auf die Hegel diesen Begriff gestellt hat, können heute nicht mehr festgehalten werden. Er konstruierte die Gemeinschaften aus dem allgemeinen vernünftigen Willen. Wir müssen heute von der Realität des Lebens ausgehen; im Leben ist die Totalität des seelischen Zusammenhanges wirksam. Hegel konstruiert metaphysisch; wir analysieren das Gegebene. Und die heutige Analyse der menschlichen Existenz erfüllt uns alle mit dem Gefühl der Gebrechlichkeit, der Macht des dunklen Triebes, des Leidens an den Dunkelheiten und den Illusionen, der Endlichkeit in allem, was Leben ist, auch wo die höchsten Gebilde des Gemeinschaftslebens aus ihm entstehen. So können wir den objektiven Geist nicht aus der Vernunft verstehen, sondern müssen auf den Strukturzusammenhang der Lebenseinheiten, der sich in den Gemeinschaften fortsetzt, zurückgehen. Und wir können den objektiven Geist nicht in eine ideale Konstruktion einordnen, vielmehr müssen wir seine Wirklichkeit in der Geschichte zugrunde legen. Wir suchen diese zu verstehen und inadäquaten Begriffen darzustellen. Indem so der objektive Geist losgelöst wird von der einseitigen Begründung in der allgemeinen, das Wesen des Weltgeistes aussprechenden Vernunft, losgelöst auch von der ideellen Konstruktion, wird ein neuer Begriff desselben möglich: in ihm sind Sprache, Sitte, jede Art von Lebensform, von Stil des Lebens ebensogut umfaßt wie Familie, bürgerliche Gesellschaft, Staat und Recht. Und nun fällt auch das, was Hegel als den absoluten Geist vom objektiven unterschied: Kunst und Religion und Philosophie unter diesen Begriff, ja gerade in ihnen zeigt sich das schaffende Individuum zugleich als Repräsentation von Gemeinsamkeit, und eben in ihren mächtigen Formen objektiviert sich der Geist und wird in denselben erkannt.

Und zwar enthält dieser objektive Geist in sich eine Gliederung, welche von der Menschheit bis zu Typen engsten Umfangs hinabreicht. Diese Gliederung, das Prinzip der Individuation ist in ihm wirksam. Wenn nun auf dem Boden des Allgemeinmenschlichen und durch seine Vermittlung das Individuelle im Verstehen zur Auffassung gebracht wird, entsteht ein Nacherleben des inneren Zusammenhanges, der vom Allgemeinmenschlichen in seine Individuation führt. Dieser Fortgang wird in der Reflexion aufgefaßt, und die Individualpsychologie entwirft die Theorie, welche die Möglichkeit der Individuation begründet.[17]

Den systematischen Geisteswissenschaften liegt dann dieselbe Verbindung von Gleichförmigkeiten als Grundlage und auf ihr erwachsener Individuation, und sonach die von generellen Theorien und vergleichenden Verfahren zugrunde. Die generellen Wahrheiten, wie sie in ihnen über das sittliche Leben oder die Dichtung festgestellt werden können, werden so die Grundlage für den Einblick in die Verschiedenheiten des moralischen Ideals oder der dichterischen Tätigkeit.

Und in diesem objektiven Geiste sind nun die Vergangenheiten, in denen sich die großen Totalkräfte der Geschichte gebildet haben, Gegenwart. Das Individuum genießt und erfaßt als Träger und Repräsentant der in ihm verwobenen Gemeinsamkeiten die Geschichte, in der sie entstanden. Es versteht die Geschichte, weil es selbst ein historisches Wesen ist.

An einem letzten Punkte trennt sich der hier entwickelte Begriff des objektiven Geistes von dem Hegels. Indem an die Stelle der allgemeinen Vernunft Hegels das Leben in seiner Totalität tritt, Erlebnis, Verstehen, historischer Lebenszusammenhang, Macht des Irrationalen in ihm, entsteht das Problem, wie Geschichtswissenschaft möglich sei. Für Hegel existierte dies Problem nicht. Seine Metaphysik, in der der Weltgeist, die Natur als seine Entäußerung, der objektive Geist als seine Verwirklichung und der absolute Geist bis hinauf zur Philosophie als die Realisierung des Wissens von ihm in sich identisch sind, hat dies Problem hinter sich. Heute aber gilt es, umgekehrt das Gegebene der geschichtlichen Lebensäußerungen als die wahre Grundlage des historischen Wissens anzuerkennen und eine Methode zur Beantwortung der Frage zu finden, wie auf Grund dieses Gegebenen ein allgemeingültiges Wissen der geschichtlichen Welt möglich sei.

Viertes Kapitel
Die geistige Welt als Wirkungszusammenhang

So tut sich uns im Erleben und Verstehen vermittels der Objektivation des Lebens die geistige Welt auf. Und diese Welt des Geistes, die historische wie die gesellschaftliche Welt, ihrem Wesen nach als Objekt der Geisteswissenschaften näher zu bestimmen, muß nun die Aufgabe sein.

Fassen wir zunächst die Ergebnisse der vorhergehenden Untersuchungen in bezug auf den Zusammenhang der Geisteswissenschaften zusammen. Dieser Zusammenhang beruht auf dem Verhältnis von Erleben und Verstehen, und in diesem ergaben sich drei Hauptsätze. Die Erweiterung unseres Wissens über das im Erleben Gegebene vollzieht sich durch die Auslegung der Objektivationen des Lebens, und diese Auslegung ist ihrerseits nur möglich von der subjektiven Tiefe des Erlebens aus. Ebenso ist das Verstehen des Singularen nur möglich durch die Präsenz des generellen Wissens in ihm, und dies generelle Wissen hat wieder im Verstehen seine Voraussetzung. Endlich erreicht das Verstehen eines Teiles des geschichtlichen Verlaufes seine Vollkommenheit nur durch die Beziehung des Teiles zum Ganzen, und der universal-historische Überblick über das Ganze setzt das Verstehen der Teile voraus, die in ihm vereinigt sind.

So ergibt sich die gegenseitige Abhängigkeit, in der die Auffassung jedes einzelnen geisteswissenschaftlichen Tatbestandes in dem gemeinschaftlichen geschichtlichen

Ganzen, dessen Teil der einzelne Tatbestand ist, und die der begrifflichen Repräsentation dieses Ganzen in den systematischen Geisteswissenschaften zueinander stehen. Und zwar zeigen sich die Wechselwirkung von Erleben und Verstehen in der Auffassung der geistigen Welt, die gegenseitige Abhängigkeit des allgemeinen und singularen Wissens voneinander und endlich die allmähliche Aufklärung der geistigen Welt im Fortschritte der Geisteswissenschaften an *jedem Punkte* ihres Verlaufes. Daher finden wir sie in allen Operationen der Geisteswissenschaften wieder. Sie bilden ganz allgemein die Unterlage ihrer Struktur. So werden wir die gegenseitige Abhängigkeit von Interpretation, Kritik, Verbindung der Quellen und von Synthese eines geschichtlichen Zusammenhanges anzuerkennen haben. Ein ähnliches Verhältnis besteht bei der Bildung der Subjektsbegriffe, wie Wirtschaft, Recht, Philosophie, Kunst, Religion, die Wirkungszusammenhänge verschiedener Personen zu gemeinsamer Leistung bezeichnen. Jedesmal wenn das wissenschaftliche Denken die Begriffsbildung zu vollziehen unternimmt, setzt die Bestimmung der Merkmale, die den Begriff konstituieren, doch die Feststellung der Tatbestände voraus, die in dem Begriff zusammengenommen werden sollen. Und die Feststellung und Auswahl dieser Tatbestände fordert Merkmale, an denen ihre Zugehörigkeit zum Umfange des Begriffes konstatiert werden kann. Um den Begriff der Dichtung zu bestimmen, muß ich ihn abziehen aus denjenigen Tatbeständen, die den Umfang dieses Begriffes ausmachen, und um festzustellen, welche Werke unter die Poesie gehören, muß ich bereits ein Merkmal besitzen, an welchem das Werk als dichterisch erkannt werden kann.

Dieses Verhältnis ist so der allgemeinste Zug der Struktur der Geisteswissenschaften.

1. Allgemeiner Charakter des Wirkungszusammenhangs der geistigen Welt

Die so entstehende Leistung besteht in der Auffassung der geistigen Welt als eines *Wirkungszusammenhanges* oder eines Zusammenhanges, der in dessen dauernden *Produkten* enthalten ist. Die Geisteswissenschaften haben ihren Gegenstand an diesem Wirkungszusammenhang und dessen Schöpfungen. Sie zergliedern denselben oder den in festen Gebilden sich darstellenden, den Arten der Gebilde zukommenden logischen, ästhetischen, religiösen Zusammenhang oder den in einer Verfassung oder einem Rechtsbuch, der rückwärts auf den Wirkungszusammenhang weist, in dem er entstanden ist.

Dieser Wirkungszusammenhang unterscheidet sich von dem Kausalzusammenhang der Natur dadurch, daß er nach der Struktur des Seelenlebens *Werte* erzeugt und *Zwecke* realisiert. Und zwar nicht gelegentlich, nicht hier und da, sondern es ist eben die Struktur des Geistes in seinem Wirkungszusammenhang auf der Grundlage des

Auffassens Werte zu erzeugen und Zwecke zu realisieren. Ich nenne dies den immanent-teleologischen Charakter der geistigen Wirkungszusammenhänge. Unter diesem verstehe ich einen *Zusammenhang* von *Leistungen, der* in der *Struktur* eines Wirkungszusammenhanges gegründet ist. Das geschichtliche Leben schafft. Es ist beständig tätig in der Erzeugung von Gütern und Werten, und alle Begriffe von solchen sind nur Reflexe dieser seiner Tätigkeit.

Die Träger dieser beständigen Schöpfung von Werten und Gütern in der geistigen Welt sind Individuen, Gemeinschaften, Kultursysteme, in denen die Einzelnen zusammenwirken. Das Zusammenwirken der Individuen ist dadurch bestimmt, daß sie zu Realisierungen von Werten sich Regeln unterwerfen und sich Zwecke setzen. So ist in jeder Art dieses Zusammenwirkens ein Bezug des Lebens, der mit dem Wesen des Menschen zusammenhängt und die Individuen miteinander verbindet -gleichsam ein Kern, den man nicht psychologisch erfassen kann, der aber in jedem solchen System von Beziehungen zwischen Menschen sich äußert. Das Erwirken in ihm ist durch den strukturellen Zusammenhang zwischen dem Auffassen, den psychischen Zuständen, die in Wertgebung sich ausdrücken, und denen, die in der Setzung von Zwecken, Gütern und Normen bestehen, bestimmt. In den Individuen verläuft primär ein solcher Wirkungszusammenhang. Wie sie dann die Kreuzungspunkte von Beziehungssystemen sind, deren jedes ein dauernder Träger von Wirken ist, entwickeln sich weiter in ihm Güter der Gemeinsamkeiten, Anordnungen der Verwirklichung derselben nach Regeln. Und in sie wird nun eine Unbedingtheit der Geltung verlegt. Jede dauernde Beziehung von Individuen enthält so in sich eine Entwicklung, in welcher Werte, Regeln, Zwecke erzeugt, zum Bewußtsein gebracht und in einem Verlauf von Denkvorgängen gefestigt werden. Dieses Schaffen, wie es in Individuen, Gemeinschaften, Kultursystemen, Nationen sich vollzieht, unter den Bedingungen der Natur, welche beständig Stoff und Anregung zu ihm bieten, gelangt in den Geisteswissenschaften zur Besinnung über sich selbst.

In dem Strukturzusammenhang ist weiter fundiert, daß jede geistige Einheit *in sich selbst zentriert* ist. Wie das Individuum, so hat auch jedes Kultursystem, jede Gemeinschaft einen Mittelpunkt in sich selbst. In denselben sind Wirklichkeitsauffassen, Wertung, Erzeugung von Gütern zu einem Ganzen verbunden.

Nun tut sich aber an dem Wirkungszusammenhang, der der Gegenstand der Geisteswissenschaften ist, ein neues Grundverhältnis auf. Die verschiedenen Träger des Schaffens sind zu weiteren gesellschaftlich-geschichtlichen Zusammenhängen verwoben; solche sind Nationen, Zeitalter, historische Perioden. So entstehen verwickeltere Formen des historischen Zusammenhanges. Die Werte, Zwecke, Bindungen, die in ihnen auftreten, getragen von Individuen, Gemeinschaften, Systemen von Beziehungen, sollen nun vom Historiker zusammengefaßt werden. Sie werden von ihm verglichen, das Gemeinsame an ihnen wird herausgehoben, die verschiedenen Wirkungszusammenhänge werden zusammengenommen in Synthesen. Und hier entsteht nun aus der Zentrierung in sich selbst, die jeder geschichtlichen Einheit beiwohnt, eine andere Einheitsform. Was gleichzeitig wirkt und ineinandergreift wie Individuen, Kultursysteme oder Gemeinschaften, steht in beständigem geistigen Verkehr und ergänzt so zunächst sein Eigenleben durch das fremde; schon Nationen leben öfter in stärkerer Abgeschlossenheit und haben dadurch ihren eigenen Horizont: betrachte ich nun aber die Periode des Mittelalters, so ist ihr Gesichtskreis von dem früherer Perioden getrennt. Auch wo die Ergebnisse dieser Perioden herüberwirken, werden sie assimiliert in das System der mittelalterlichen Welt. Dieses hat einen *abgeschlossenen Horizont*. So ist eine *Epoche* in sich selbst in einem *neuen Sinn* zentriert. Die einzelnen Personen der Epoche haben den Maßstab ihres Wirkens in einem Gemeinsamen. Die Anordnung der Wirkungszusammenhänge in der Gesellschaft der Epoche hat gleiche Züge. Die Beziehungen im gegenständlichen Auffassen zeigen in ihr eine innere Verwandtschaft. Die Art zu fühlen, das Gemütsleben, die so entstehenden Antriebe sind einander ähnlich. Und so wählt auch der Wille sich gleichmäßige Zwecke, strebt nach verwandten Gütern und findet sich in verwandter Weise gebunden. Es ist die Aufgabe der historischen Analysis, in den konkreten Zwecken, Werten, Denkarten die Übereinstimmung in einem Gemeinsamen aufzufinden, das die Epoche regiert. Eben durch dieses Gemeinsame sind dann auch die Gegensätze bestimmt, welche hier obwalten. So hat also jede Handlung, jeder Gedanke, jedes gemeinsame Schaffen, kurz jeder Teil dieses historischen Ganzen seine *Bedeutsamkeit* durch sein Verhältnis zu dem Ganzen der Epoche oder des Zeitalters. Und wenn nun der Historiker urteilt, so stellt er fest, was der Einzelne in diesem Zusammenhang geleistet hat, wie fern etwa sein Blick und sein Tun schon hinausreichte über ihn.

Die geschichtliche Welt als ein Ganzes, dies Ganze als ein Wirkungszusammenhang, dieser Wirkungszusammenhang als wertgebend, zwecksetzend, kurz: schaffend, dann das Verständnis dieses Ganzen aus ihm selbst, endlich die Zentrierung der Werte und Zwecke in Zeitaltern, Epochen, in der Universalgeschichte – dies sind die Gesichtspunkte, unter denen der anzustrebende Zusammenhang der Geisteswissenschaften gedacht werden muß. So wird der unmittelbare Bezug des Lebens, seiner Werte und Zwecke zu dem geschichtlichen Gegenstand allmählich in der Wissenschaft nach ihrer Richtung auf Allgemeingültigkeit ersetzt durch die Erfahrung der immanenten Beziehungen, die im Wirkungszusammenhang der geschichtlichen Welt zwischen wirkender Kraft, Werten, Zwecken, Bedeutung und Sinn bestehen. Auf diesem Boden objektiver Geschichte ergäbe sich dann erst das Problem, ob und wiefern Voraussage der Zukunft und Einordnung unseres Lebens in gemeinsame Ziele der Menschheit möglich werden.

Primär bildet sich die Auffassung des Wirkungszusammenhangs im Erlebenden, dem die Abfolge inneren Geschehens in strukturellen Beziehungen sich entwickelt. Und dieser Zusammenhang wird dann durch das Verstehen in fremden Individuen wiedergefunden. Die Grundform des Zusammenhangs entsteht so in dem Individuum, das Gegenwart, Vergangenheit und Möglichkeiten der Zukunft zu einem Lebensverlauf zusammennimmt. Dieser Lebensverlauf kehrt dann in dem geschichtlichen Verlauf wieder, dem die Lebenseinheiten eingeordnet sind. Indem von dem Zuschauer eines Ereignisses weitere Zusammenhänge gesehen werden oder ein Bericht sie erzählt, entsteht die Auffassung geschichtlicher Begebenheiten. Und da nun die einzelnen Begebenheiten eine Stelle im Zeitverlauf einnehmen und so an jedem Punkte Erwirken aus der Vergangenheit voraussetzen und ihre Folgen ferner in die Zukunft hineinreichen, so fordert jedes Geschehnis einen weiteren Fortgang und die Gegenwart führt daher hinüber in die Zukunft.

Andere Arten von Zusammenhang bestehen in Werken, die, von ihrem Urheber abgelöst, ihr eigenes Leben und Gesetz in sich tragen. Ehe wir zum Wirkungszusammenhang, in dem sie entstanden, vordringen, erfassen wir Zusammenhänge, die in dem vollendeten Werk bestehen. Im Verstehen geht der logische Zusammenhang auf, in welchem Rechtssätze in einem Gesetzbuch miteinander verbunden sind. Lesen wir ein Lustspiel von Shakespeare, so sind hier die nach den Verhältnissen der Zeit und Wirkung verbundenen Bestandteile eines Geschehnisses nach den Gesetzen der dichterischen Komposition zu einer Einheit erhoben, die sie aus dem Wirkungsverlauf im Anfang und Ende heraushebt und ihre Teile zu einem Ganzen verknüpft.

2. Wirkungszusammenhang als Grundbegriff der Geisteswissenschaften

In den Geisteswissenschaften erfassen wir die geistige Welt in der Form von Wirkungszusammenhängen, wie sie sich in dem Zeitverlauf bilden. Wirken, Energie, Zeitverlauf, Geschehen sind so die Momente, welche die geisteswissenschaftliche Begriffsbildung charakterisieren. Von diesen inhaltlichen Bestimmungen bleibt die allgemeine Funktion des Begriffs im Denkzusammenhang der Geisteswissenschaften unabhängig, die seine Bestimmtheit und seine Konstanz in allen Urteilen fordert. Die Merkmale eines Begriffs, deren Verbindung seinen Inhalt bildet, müssen denselben Anforderungen entsprechen. Und die Aussagen, in denen Begriffe verbunden sind, dürfen weder in sich noch untereinander Widersprüche enthalten. Diese vom Zeitverlauf unabhängige Geltung, welche so im Zusammenhang des Denkens besteht und die Form der Begriffe bestimmt, hat nichts damit zu tun, daß der Inhalt der geisteswissenschaftlichen Begriffe Zeitverlauf, Wirken, Energie, Geschehen repräsentieren kann.

Wir sehen in der Struktur des Individuums eine Tendenz oder Triebkraft wirksam, die sich allen zusammengesetzteren Gebilden der geistigen Welt mitteilt. In dieser Welt treten Gesamtkräfte auf, die in einer bestimmten Richtung sich im geschichtlichen Zusammenhang geltend machen. Alle geisteswissenschaftlichen Begriffe, sofern sie irgendeinen Bestandteil des Wirkungszusammenhangs repräsentieren, enthalten in sich diesen Charakter von Vorgang, Verlauf, Geschehen oder Handeln. Und da, wo Objektivationen des geistigen Lebens als ein Fertiges, gleichsam Ruhendes analysiert werden, wird immer die weitere Aufgabe bestehen, den Wirkungszusammenhang, in welchem solche Objektivationen entstanden sind, zu erfassen. In einem weiten Umfange sind so die geisteswissenschaftlichen Begriffe fixierte Repräsentationen eines Fortschreitenden, Verfestigung dessen in Gedanken, was selber Verlauf oder Bewegungseinrichtung ist. Ebenso enthalten die systematischen Geisteswissenschaften die Aufgabe einer Begriffsbildung, welche die dem Leben einwohnende Tendenz, seine Veränderlichkeit und Unruhe, vor allem aber die in ihm sich vollziehende Zwecksetzung zum Ausdruck bringt. Und in den historischen und systematischen Geisteswissenschaften entsteht dann die weitere Aufgabe, die Beziehungen in den Begriffen dementsprechend zu bilden.

Es war Hegels Verdienst, daß er in seiner Logik den rastlosen Strom des Geschehens zum Ausdruck zu bringen suchte. Aber es war sein Irrtum, daß diese Anforderung ihm nun unvereinbar erschien mit dem Satz des Widerspruches: unauflösliche Widersprüche entstehen erst, wenn man die Tatsache des Flusses im Leben *erklären* will. Und ebenso irrig war und ist es, wenn man von derselben Voraussetzung aus zur Verwerfung der systematischen Begriffsbildung auf dem geschichtlichen Gebiet gelangt. So erstarrt in Hegels dialektischer Methode die Mannigfaltigkeit des geschichtlichen Lebens, und die Gegner der systematischen Begriffsbildung auf dem historischen Gebiet lassen in einer unrepräsentierbaren Lebenstiefe die Mannigfaltigkeit des Daseins versinken.

An diesem Punkte versteht man Fichtes tiefste Intention. In der angestrengten Versenkung des Ich in sich findet es sich nicht als Substanz, Sein, Gegebenheit, sondern als Leben, Tätigkeit, Energie. Und er hat bereits die Energiebegriffe der geschichtlichen Welt ausgebildet.

3. Das Verfahren in der Feststellung von einzelnen Wirkungszusammenhängen

Der Wirkungszusammenhang ist an sich immer komplex. Der Angriffspunkt für seine Feststellung ist eine einzelne Wirkung, zu welcher wir – rückwärts schreitend – die wirkenden Momente aufsuchen. Unter den vielen Faktoren ist nun nur eine begrenzte Zahl bestimmbar und für diese Wirkung von Bedeutung. Wenn wir etwa für die Veränderung unserer Literatur, in welcher die Aufklärung überwunden wurde, das Ineinandergreifen der Ursachen aufsuchen, dann unterscheiden wir Gruppen derselben, wir suchen ihr Gewicht abzuwägen, und wir grenzen irgendwo den unbegrenzten ursächlichen Konnex nach der Bedeutung der Momente und nach unserem Zwecke ab. So heben wir einen Wirkungszusammenhang heraus, um die in Frage stehende Veränderung zu erklären. Anderseits sondern wir aus dem konkreten Wirkungszusammenhang in einer methodischen Analyse desselben unter verschiedenen Gesichtspunkten Einzelzusammenhänge aus, und auf dieser Analysis beruht recht eigentlich der Fortschritt in den systematischen Geisteswissenschaften wie in der Geschichte.

Induktion, die Tatsachen und Kausalglieder feststellt, Synthesis, die mit Hilfe der Induktion Kausalzusammenhänge aneinanderfügt, Analysis, welche einzelne Wirkungszusammenhänge aussondert, Vergleichung – in diesen oder ihnen äquivalenten Verfahrungsweisen vornehmlich bildet sich unser Wissen von dem Wirkungszusammenhang. Und wir wenden dieselben Methoden an, wenn wir die dauernden Schöpfungen, die aus diesem Wirkungszusammenhang hervorgegangen sind – Bilder, Statuen, Dramen, philosophische Systeme, Religionsschriften, Rechtsbücher erforschen. Der Zusammenhang in ihnen ist verschieden nach ihrem Charakter, aber Zergliederung des Werks als eines Ganzen auf induktiver Grundlage und synthetische Rekonstruktion des Ganzen aus der Beziehung seiner Teile, wieder auf Grundlage der Induktion, unter beständiger Präsenz allgemeiner Wahrheiten, greifen auch hier ineinander. Mit dieser Richtung des Denkens auf Zusammenhang ist in den Geisteswissenschaften nun die andere verbunden, welche, vom Besonderen zum Allgemeinen und rückwärts gehend, Regelmäßigkeiten in den Wirkungszusammenhängen aufsucht. Hier macht sich das umfassendste Verhältnis gegenseitiger Abhängigkeit der Verfahrungsweisen geltend. Die Verallgemeinerungen dienen der Bildung von Zusammenhängen, und die Analysis des konkreten und universalen Zusammenhangs in Einzelzusammenhänge ist der fruchtbarste Weg zur Auffindung allgemeiner Wahrheiten.

Indem man nun aber das Verfahren zur Feststellung von Wirkungszusammenhängen in den Geisteswissenschaften ins Auge faßt, zeigt sich die große Verschiedenheit desselben von dem, das den Naturwissenschaften ihre ungeheuren Erfolge möglich gemacht hat. Die Naturwissenschaften haben den räumlichen Zusammenhang der Erscheinungen zu ihrer Grundlage. Die Zählbarkeit und Meßbarkeit dessen, was sich räumlich erstreckt oder im Raume bewegt, ermöglichen hier die Auffindung exakter allgemeiner Gesetze. Aber der innere Wirkungszusammenhang ist nur hinzugedacht, und seine letzten Elemente sind nicht aufzeigbar. Dagegen sind, wie wir sahen, die letzten Einheiten der geschichtlichen Welt im Erleben und Verstehen gegeben. Ihr Einheitscharakter ist fundiert in dem Strukturzusammenhang, in welchem gegenständliches Auffassen, Werte und Zwecksetzen aufeinander bezogen sind. Wir erleben diesen Charakter der Lebenseinheit ferner darin, daß nur das in ihrem eigenen Willen Gesetzte Zweck sein kann, nur was ihrem Denken sich bewährt, wahr ist und nur, was zu ihrem Fühlen ein positives Verhältnis hat, Wert für sie besitzt. Das Korrelat dieser Lebenseinheit ist der nach innerem Antrieb sich bewegende und wirkende Körper. Die menschlich-gesellschaftlich-geschichtliche Welt besteht aus diesen psychophysischen Lebenseinheiten. Dies ist der sichere analytische Befund. Und auch der Wirkungszusammenhang dieser Einheiten zeigt dann besondere Eigenschaften, welche durch die Verhältnisse von Einheit und Vielheit, Ganzem und Teil, Zusammensetzung und Wechselwirkung nicht erschöpft werden.

Wir folgern weiter: Die Lebenseinheit ist ein Wirkungszusammenhang, der vor dem der Natur voraus hat, daß er erlebt wird, dessen wirkende Teile aber nicht nach ihrer Intensität gemessen, sondern nur abgeschätzt werden können, dessen Individualität vom Gemeinschaftlich-Menschlichen nicht loslösbar ist, so daß Menschheit nur ein unbestimmter Typus ist. Daher ist jeder einzelne Zustand im psychischen Leben eine neue Stellung der ganzen Lebenseinheit, ein Bezug ihrer Totalität zu Dingen und Menschen, und da nun jede Lebensäußerung, die von einer Gemeinschaft ausgeht oder dem Wirkungszusammenhang eines Kultursystems angehört, das Erzeugnis zusammenwirkender Lebenseinheiten ist, so haben die Bestandteile dieser zusammengesetzten Gebilde einen dementsprechenden Charakter. Wie stark auch jeder psychische Vorgang, der einem solchen Ganzen angehört, durch die Intention des Wirkungszusammenhangs bestimmt sein mag, immer ist dieser Vorgang nicht von dieser Intention ausschließlich bestimmt. Das Individuum, in dem er sich vollzieht, greift als Lebenseinheit in den Wirkungszusammenhang ein; in seiner Äußerung ist es als Ganzes wirksam. Die Natur ist durch die Differenzierung der Sinne, deren jeder einen Sinneskreis von homogener Beschaffenheit enthält, in verschiedene Systeme gesondert, deren jedes in sich gleichartig ist. Derselbe Gegenstand, eine Glocke, ist hart, bronzefarben, fähig beim Anschlagen einen Umkreis von Tönen hervorzubringen; so nimmt jede seiner Eigenschaften eine Stelle in einem der Systeme sinnlichen Auffassens ein; ein innerer Zusammenhang dieser Eigenschaften ist uns nicht gegeben. Im Erleben bin ich mir selbst als Zusammenhang da. Jede veränderte Lage bringt eine neue Stellung des ganzen Lebens. Ebenso ist in jeder Lebensäußerung, die uns zum Verständnis kommt, immer das ganze Leben wirksam. So sind uns homogene Systeme, welche Gesetze der Veränderung aufzufinden möglich machen, uns weder im Erleben noch im Verstehen gegeben. Gemeinsamkeit, Verwandtschaft geht uns im Verstehen auf und dieses läßt uns anderseits unendlich viele Nuancen der Differenzierung gewahren, von den großen Unterschieden der Rassen, Stämme und Völker ab bis zur unendlichen Mannigfaltigkeit der Individuen. Daher herrscht in den Naturwissenschaften das Gesetz der Veränderungen, in der geistigen Welt die Auffassung der Individualität, aufsteigend von der Einzelperson bis zum Individuum Menschheit, und das vergleichende Verfahren, welches diese individuelle Mannigfaltigkeit begrifflich zu ordnen unternimmt.

Aus diesen Verhältnissen ergeben sich die Grenzen der Geisteswissenschaft sowohl in bezug auf das Studium der Psychologie als das der systematischen Disziplinen, die später in der Methodenlehre im einzelnen darzulegen sind. Allgemein angesehen ist deutlich, daß sowohl Psychologie als die einzelnen systematischen Disziplinen einen vorwiegend beschreibenden und analytischen Charakter haben werden. Und hier greifen nun meine früheren Darlegungen über das analytische Verfahren in der Psychologie und in den systematischen Geisteswissenschaften ein. Ich berufe mich hier im ganzen auf sie zurück.[18]

4. Die Geschichte und ihr Verständnis vermittels der systematischen Geisteswissenschaften

Die geisteswissenschaftliche Erkenntnis vollzieht sich, wie wir sahen, in der gegenseitigen Abhängigkeit von Geschichte und systematischen Disziplinen; und da die Intention des Verstehens in jedem Fall der begrifflichen Bearbeitung vorausgeht, so beginnen wir mit den allgemeinen Eigenschaften des geschichtlichen Wissens.

Geschichtliches Wissen

Die Auffassung des Wirkungszusammenhangs, den die Geschichte bildet, entsteht zunächst von einzelnen Punkten aus, an denen zusammengehörige Reste der Vergangenheit durch die Beziehung zur Lebenserfahrung im Verstehen miteinander verbunden werden; was uns in der Nähe umgibt, wird uns zum Verständnismittel des Entfernten und Vergangenen. Die Bedingung für diese Interpretation der historischen Reste ist, daß das, was wir in sie hineintragen, den Charakter der Beständigkeit in der

Zeit und der allgemein-menschlichen Geltung hat. So übertragen wir unsere Kenntnis von Sitten, Gewohnheiten, politischen Zusammenhängen, religiösen Prozessen, und die letzte Voraussetzung der Übertragung bilden immer die Zusammenhänge, die der Historiker in sich selbst erlebt hat. Die Urzelle der geschichtlichen Welt ist das Erlebnis, in dem das Subjekt im Wirkungszusammenhang des Lebens zu seinem Milieu sich befindet. Dies Milieu wirkt auf das Subjekt und empfängt Wirkungen von ihm. Es ist zusammengesetzt aus der physischen und der geistigen Umgebung. In jedem Teil der geschichtlichen Welt besteht daher derselbe Zusammenhang des Ablaufs eines psychischen Geschehens im Wirkungszusammenhang mit einer Umgebung. Hier entstehen die Aufgaben der Abschätzung der Natureinflüsse auf den Menschen und der Feststellung der Einwirkung der geistigen Umwelt auf ihn.

Wie Rohstoff in der Industrie mehreren Arten der Bearbeitung unterworfen wird, so werden auch die Reste der Vergangenheit durch verschiedene Prozeduren hindurch zum vollen geschichtlichen Verständnis erhoben. Kritik, Auslegung und das Verfahren, welches die Einheit in dem Verständnis eines historischen Vorgangs herbeiführt, greifen ineinander. Das Charakteristische ist aber auch hier, daß nicht eine einfache Fundierung der einen Operation auf die andere stattfindet; sondern Kritik, Interpretation und denkendes Zusammennehmen sind ihrer Aufgabe nach verschieden; aber die Lösung einer jeden dieser Aufgaben fordert stets zugleich auf den andern Wegen gewonnene Einsichten.

Eben dies Verhältnis hat nun aber zur Folge, daß die Begründung des geschichtlichen Zusammenhangs immer auf ein logisch nie vollständig darstellbares Ineinandergreifen von Leistungen angewiesen ist und daher niemals dem historischen Skeptizismus gegenüber durch unanfechtbare Beweise sich rechtfertigen kann. Man denke an Niebuhrs große Entdeckungen über die ältere römische Geschichte. Überall ist seine Kritik untrennbar von seiner Rekonstruktion des wahren Verlaufs. Er mußte feststellen, wie die vorhandene Überlieferung der älteren römischen Geschichte zustande gekommen ist und welche Schlüsse aus ihrer Entstehung auf ihren historischen Wert gemacht werden können. Er mußte zugleich aus einer sachlichen Argumentation die Grundzüge der wirklichen Geschichte abzuleiten versuchen. Ohne Zweifel bewegt sich dieses methodische Verfahren in einem Zirkel, wenn man die Regeln einer strengen Beweisführung anlegt. Und wenn nun Niebuhr sich zugleich des Schlusses der Analogie aus verwandten Entwicklungen bediente, so unterlag das Wissen von diesen verwandten Entwicklungen ja demselben Zirkel, und der Analogieschluß, der dies Wissen benutzte, gab keine strenge Gewißheit.

Selbst gleichzeitige Berichte müssen erst in bezug auf die Auffassung des Berichterstatters, seine Zuverlässigkeit, sein Verhältnis zum Vorgang geprüft werden. Und je weiter Erzählungen von der Zeit des Geschehnisses abstehen, desto mehr wird, wenn nicht durch Reduktion auf ältere, den Geschehnissen selbst gleichzeitige Nachrichten der Wert der Bestandteile einer solchen Erzählung festgestellt werden kann, die Glaubwürdigkeit sich verringern. Sicheren Boden hat die politische Geschichte der alten Welt, wo Urkunden vorliegen, und die der neueren, wo die Akten, die den Verlauf eines geschichtlichen Geschehnisses bilden, erhalten sind. Mit den methodischkritischen Urkundensammlungen und dem freien Zugang der Historiker zu den Archiven begann daher erst sicheres Wissen von der politischen Geschichte. Dieses vermag dem historischen Skeptizismus rücksichtlich der Tatsachen vollkommen standzuhalten, und auf solchen sicheren Grundlagen baut sich mit Hilfe der Analyse der Berichte auf ihre Quellen und der Prüfung der Gesichtspunkte der Berichterstatter eine Rekonstruktion auf, die historische Wahrscheinlichkeit hat und der nur geistreiche, aber unwissenschaftliche Köpfe die Brauchbarkeit absprechen können. Diese Rekonstruktion gewinnt zwar nicht über die Motive der handelnden Personen ein sicheres Wissen, wohl aber über die Handlungen und Begebenheiten, und die Irrtümer, denen wir in bezug auf einzelne Tatsachen immer ausgesetzt bleiben, machen doch nicht das Ganze zweifelhaft.

Weit günstiger als in der Auffassung des politischen Verlaufs ist die Geschichtsschreibung gestellt gegenüber Massenerscheinungen, vor allem aber, wo sie künstlerische oder wissenschaftliche Werke vor sich hat, die der Analyse standhalten.

Stufen des geschichtlichen Verständnisses

Die allmähliche Bewältigung des historischen Stoffes vollzieht sich in verschiedenen Stufen, welche nach und nach in die Tiefen der Geschichte eingedrungen sind.

Mannigfache Interessen führen zunächst zur *Erzählung* dessen, was geschehen ist. Vor allem wird hier das ursprünglichste Bedürfnis befriedigt – Neugier über die menschlichen Dinge, zumal über die der eigenen Heimat. Nationales und staatliches Selbstgefühl macht sich daneben geltend. So entspringt die Erzählungskunst, deren Muster für alle Zeiten Herodotos ist. Nun aber tritt die Richtung auf die *Erklärung* in den Vordergrund. Die athenische Kultur in der Zeit des Thukydides bot zuerst die Bedingungen für sie. Die Handlungen werden aus psychologischen Motiven in scharfer Beobachtung abgeleitet; die Machtkämpfe der Staaten, ihr Verlauf und ihr Ausgang werden erklärt aus den militärischen und politischen Kräften derselben, die Wirkungen der Staatsverfassungen werden studiert. Und indem nun ein großer politischer Denker wie Thukydides die Vergangenheit durch das nüchterne Studium des Wirkungszusammenhanges in ihr aufklärt, ergibt sich zugleich, daß die Geschichte auch über die Zukunft belehrt. Nach dem Schluß der Analogie kann man, wenn ein früherer Wirkungsverlauf erkannt ist und sich ihm nun die ersten Stadien eines Vorgangs verwandt erweisen, das Eintreten eines ähnlichen weiteren Verlaufs erwarten. Dieser Schluß, auf den Thukydides die Lehren der Geschichte für die Zukunft gründet, ist in der Tat für das politische Denken von entscheidender Bedeutung. Wie in den Naturwissenschaften ermöglicht auch in der Geschichte eine Regelmäßigkeit im Wirkungszusammenhang Voraussage und auf Wissen gegründete Einwirkung. Wenn nun schon der Zeitgenosse der Sophisten die Verfassungen als politische Kräfte studiert hatte, so tritt uns in Polybios eine Geschichtschreibung entgegen, in welcher die methodische *Übertragung der systematischen* Geisteswissenschaften auf die *Erklärung* des historischen Wirkungszusammenhanges es ermöglicht, die Wirkung dauernder Kräfte, wie es die Verfassung, die militärische Organisation, die Finanzen sind, in das erklärende Verfahren einzuführen. Der Gegenstand des Polybios war die Wechselwirkung der Staaten, die von dem Beginn des Kampfes zwischen Rom und Karthago bis zur Zerstörung von Karthago und Korinth die historische Welt für den europäischen Geist bildeten, und er unternimmt nun, aus dem Studium der dauernden Kräfte in ihnen, die einzelnen politischen Vorgänge abzuleiten. So wird sein Standpunkt zugleich universalhistorisch, wie er selber in sich die griechische theoretische Kultur, das Studium der raffinierten Politik und des Kriegswesens seiner Heimat mit einer Kenntnis Roms verband, wie sie nur der Verkehr mit den leitenden Staatsmännern des neuen Universalstaats gewähren konnte. Mannigfache geistige Kräfte werden nun in der Zeit von Polybios bis auf Machiavelli und Guicciardini wirksam, vor allem die unendliche Vertiefung des Subjekts in sich selbst und zugleich die Erweiterung des historischen Horizonts; aber die beiden großen italienischen Geschichtsschreiber bleiben in ihrem Verfahren dem Polybios durchaus verwandt.

Eine neue Stufe der Geschichtsschreibung wurde erst im 18. Jahrhundert erreicht. Zwei große Prinzipien wurden hier nacheinander eingeführt, der konkrete Wirkungszusammenhang, wie er als historischer Gegenstand aus dem großen Fluß der Geschichte herausgehoben wird durch den Historiker, wurde *zerlegt* in *Einzelzusammenhänge* wie die von Recht, Religion, Dichtung, welche in der Einheit eines Zeitalters befaßt sind. Dies setzte voraus, daß das Auge des Historikers über die politische Geschichte hinaus auf die der Kultur blickte, daß in jedem Gebiet der Kultur von den systematischen Geisteswissenschaften her dessen Funktion bereits zur Erkenntnis gebracht worden war, und daß ein Verständnis für das Zusammenwirken solcher Kultursysteme sich gebildet hatte. Im Zeitalter Voltaires begann die neue Geschichtsschreibung. Und nun trat ein zweites Prinzip, das der *Entwicklung*, seit Winckelmann, Justus Möser und Herder hinzu. Dies Prinzip besagt, daß in einem geschichtlichen Wirkungszusammenhang als neue Grundeigenschaft enthalten ist, daß er aus seinem Wesen von innen eine Reihe von Veränderungen durchläuft, deren jede nur auf der Grundlage der früheren möglich ist.

Diese verschiedenen Stufen bezeichnen Momente, die, einmal erfaßt, in der Geschichtsschreibung lebendig geblieben sind. Freudige Erzählungskunst, bohrende Erklärung, Anwendung des systematischen Wissens auf sie, Zerlegung in einzelne Wirkungszusammenhänge und Prinzip der Entwicklung, diese Momente summieren sich und verstärken sich untereinander.

Aussonderung eines Wirkungszusammenhangs unter dem Gesichtspunkt des historischen Gegenstandes

Immer deutlicher hat sich uns die Bedeutung der Zerlegung des konkreten Wirkungszusammenhangs und der wissenschaftlichen Synthese der in ihm enthaltenen einzelnen Wirkungszusammenhänge gezeigt.

Der Historiker geht nicht von einem Punkt aus dem Nexus der Begebenheiten nach allen Seiten ins Endlose nach; vielmehr liegt in der Einheit eines Gegenstandes, der das Thema des Historikers bildet, ein Prinzip der Auswahl, das in der Aufgabe der Erfassung gerade dieses Gegenstandes gegeben ist. Denn die Behandlung des geschichtlichen Gegenstandes fordert nicht nur dessen Aussonderung aus der Breite des konkreten Wirkungszusammenhangs, sondern der Gegenstand enthält zugleich ein Prinzip der Auswahl. Der Fall Roms oder die Befreiung der Niederlande oder die französische Revolution erfordern die Auswahl solcher Vorgänge und Zusammenhänge, die für das aufgelöste römische Reich, die befreiten Niederlande, die vollzogene Revolution die Ursachen, sowohl die einzelnen als die allgemeinen, die wirkenden Kräfte in allen ihren Umformungen enthalten. Der Historiker, der mit Wirkungszusammenhängen arbeitet, muß so aussondern und in solche Verbindung bringen, daß der Kenner des Details nichts vermißt, weil jedes Einzelne in den starken Zügen des zusammengenommenen Wirkungszusammenhanges mitvertreten ist. Darin besteht nicht nur seine darstellende Kunst, sondern diese ist das Erzeugnis einer bestimmten Art zu sehen. Wenn man diese starken, durchgreifenden Zusammenhänge untersucht, so zeigt sich auch hier wieder, wie die Einsicht in sie durch die Verbindung fortschreitenden historischen Verstehens der Quellen mit immer tieferer Auffassung der Zusammenhänge im Seelenleben entspringt. Faßt man dann näher die Art des Wirkungszusammenhanges ins Auge, wie er in den größten Begebenheiten der Geschichte, der Entstehung des Christentums, der Reformation, der französischen Revolution, den nationalen Befreiungskämpfen vorliegt, so kann man nun denselben als die Bildung einer Totalkraft auffassen, die in ihrer einheitlichen Richtung alle

Widerstände niederwirft. Und man wird immer finden, daß zwei Arten von Kräften in ihr zusammenwirken. Die einen sind Spannungen, die in dem Gefühl von drängenden und durch das Gegebene nicht erfüllten Bedürfnissen, in so entstehender Sehnsucht aller Art, in einer Zunahme von Reibungen und Kämpfen und zugleich in dem Bewußtsein einer Insuffizienz der Kräfte, das Bestehende zu verteidigen, liegen. Die anderen entspringen aus vorwärts drängenden Energien – einem positiven Wollen, Können und Glauben. Sie beruhen auf den kräftigen Instinkten vieler, werden aber aufgeklärt und gesteigert durch die Erlebnisse bedeutender Naturen. Und wie diese positiven Richtungen aus der Vergangenheit erwachsen, auf die Zukunft sich hinrichten, sind sie schöpferisch. Sie schließen Ideale in sich, ihre Form ist der Enthusiasmus, und in diesem ist eine besondere Art, sich mitzuteilen und auszubreiten.

Hieraus leiten wir nun den allgemeinen Satz ab, daß in dem Wirkungszusammenhang der großen Weltbegebenheiten die Verhältnisse von Druck, Spannung, Gefühl der Insuffizienz des bestehenden Zustandes – also Gefühle mit negativem Vorzeichen und Abwendungen – die Grundlage bilden für die Aktion, die von positiven Wertgefühlen, zu erstrebenden Zielen, Zweckbestimmungen getragen ist. Indem beide zusammenwirken, entstehen die großen Weltveränderungen. In dem Wirkungszusammenhang sind daher das eigentliche Agens die seelischen Zustände, die in Wert, Gut und Zweck ihre Formel finden, und unter ihnen sind nicht etwa bloß die Richtungen auf Kulturgüter als wirkende Kräfte anzusehen, sondern ebenso der Wille zur Macht, bis zur Neigung, andere zu unterdrücken.

Sonderung der Wirkungszusammenhänge in der Geschichte durch analytische Verfahren

1. Die Kultursysteme

So zeigte sich, daß schon die Bestimmung des Gegenstandes eines historischen Werkes eine Auswahl der Geschehnisse und Zusammenhänge mit sich bringt. Aber die Geschichte enthält ein Ordnungssystem, nach welchem ihr konkreter Wirkungszusammenhang aus einzelnen isolierbaren Gebieten besteht, in denen gesonderte Leistungen vollzogen werden, so daß die Vorgänge in den einzelnen Individuen, die auf eine gemeinsame Leistung bezogen sind, einen einheitlichen und homogenen Wirkungszusammenhang bilden. Dies Verhältnis ist schon früher von mir[19] erörtert worden. Auf ihm beruht die Begriffsbildung, durch welche Zusammenhänge von allgemeinem Charakter in der Geschichtswissenschaft erkennbar werden. Die Analysis und Isolierung, durch welche solche Wirkungszusammenhänge ausgesondert werden, ist daher der entscheidende Vorgang, den die logische Zergliederung der Geisteswissenschaften zu untersuchen hat. Die Verwandtschaft dieser Analysis mit derjenigen, in welcher der Strukturzusammenhang der psychischen Lebenseinheit gefunden wird, liegt am Tage.

Die einfachsten homogensten Wirkungszusammenhänge, die eine Kulturleistung realisieren, sind Erziehung, Wirtschaftsleben, Recht, politische Funktionen, Religionen, Geselligkeit, Kunst, Philosophie, Wissenschaft.

Ich entwickele die Eigenschaften eines solchen Systems.

Eine Leistung wird in ihm vollzogen. So realisiert das Recht die erzwingbaren Bedingungen für die Vollkommenheit der Lebensverhältnisse. Die Poesie hat ihr Wesen darin, Erlebtes so auszudrücken und Objektivation des Lebens so darzustellen, daß das vom Dichter abgesonderte Geschehnis in seiner Bedeutung für das Ganze des Lebens sich wirkungsvoll darstellt. In dieser Leistung sind Individuen miteinander verbunden. Einzelne Vorgänge in ihnen beziehen sich auf den Wirkungszusammenhang der Leistung und sind ihr zugehörig. So sind diese Vorgänge Glieder eines Zusammenhanges, der die Leistung realisiert.

Die Rechtsregeln des Gesetzbuches, der Prozeß, in welchem Parteien vor einem Gerichtshof über eine Erbschaft verhandeln nach den Regeln des Gesetzbuches, der Beschluß des Gerichtshofes und die Ausführung desselben: welch eine lange Reihe einzelner psychischer Vorgänge liegt hier vor; an wie viele Personen können sie verteilt sein, wie mannigfach greifen sie ineinander, um schließlich die im Recht enthaltene Aufgabe in bezug auf ein bestimmtes vorliegendes Lebensverhältnis zu lösen.

Der Vollzug der Leistung der Poesie ist in viel höherem Grad an den einheitlichen Prozeß in der Seele des Dichters gebunden; aber kein Dichter ist der ausschließliche Schöpfer seiner Werke; er empfängt ein Geschehnis aus der Sage, er findet die epische Form vor, in der er es zur Poesie erhebt, er studiert die Wirkung einzelner Szenen an Vorgängern, er benutzt ein Versmaß, er empfängt seine Auffassung von der Bedeutung des Lebens aus dem Volksbewußtsein oder von hervorragenden Einzelnen, und er bedarf der empfangenden genießenden Hörer, welche den Eindruck seiner Verse in sich aufnehmen und so seinen Traum von Wirkung realisieren. So verwirklicht sich die Leistung von Recht, Poesie oder einem anderen Zwecksystem der Kultur in einem Wirkungszusammenhang, welcher aus bestimmten, zur Leistung verbundenen Vorgängen in bestimmten Individuen besteht.

An dem Wirkungszusammenhang eines Kultursystemes macht sich eine zweite Eigenschaft geltend. Der Richter steht neben seiner Funktion im Rechtswesen in verschiedenen anderen Wirkungszusammenhängen; er handelt im Interesse seiner Familie, er hat eine wirtschaftliche Leistung zu vollbringen, er übt seine politischen

Funktionen, er macht dabei vielleicht noch Verse. So sind also nicht Individuen in ihrer Ganzheit zu solchem Wirkungszusammenhang verbunden, sondern inmitten der Mannigfaltigkeit der Wirkungsverhältnisse sind nur diejenigen Vorgänge aufeinander bezogen, die einem bestimmten System angehören, und der einzelne ist in verschiedene Wirkungszusammenhänge verwebt.

Der Wirkungszusammenhang eines solchen Kultursystemes realisiert sich vermöge einer differenzierten Stellung seiner Glieder. Das feste Gerüst eines jeden bilden Personen, in denen die der Leistung dienenden Vorgänge das Hauptgeschäft ihres Lebens ausmachen, sei es nun aus Neigung oder es verbinde sich mit der Neigung der Beruf. Unter ihnen treten dann die Personen hervor, die in sich die Intention zu dieser Leistung gleichsam verkörpern, welche die Verbindung von Talent und Beruf zu Repräsentanten dieses Kultursystemes macht. Und schließlich sind die eigentlichen Träger des Schaffens auf einem solchen Gebiete die produktiven Naturen – die Stifter der Religionen, die Entdecker einer neuen philosophischen Weltanschauung, die wissenschaftlichen Erfinder.

So besteht in einem solchen Wirkungszusammenhang ein Ineinandergreifen: aufgehäufte Spannungen in einem weiten Kreise drängen zur Bedürfnisbefriedigung hin; die produktive Energie findet den Weg, auf dem die Befriedigung sich vollzieht, oder sie bringt die schöpferische Idee hervor, welche die Gesellschaft weiterführt, Fortarbeitende schließen sich an und dann die vielen Empfangenden.

Wir analysieren weiter: jedes solche Kultursystem, das eine Leistung realisiert, verwirklicht in ihr einen gemeinsamen Wert für alle diejenigen, welche auf diese Leistung gerichtet sind. Was der einzelne bedarf und doch niemals verwirklichen kann, wird ihm zuteil in der Leistung des Ganzen – einem gemeinsam geschaffenen umfassenden Wert, an dem er teilnehmen kann. Der einzelne braucht die Sicherung seines Lebens, seines Eigentumes, seines Familienzusammenhanges; aber erst eine unabhängige Macht der Gemeinschaft befriedigt sein Bedürfnis durch die Aufrechterhaltung erzwingbarer Regeln des Zusammenlebens, welche den Schutz dieser Güter ermöglichen. Der einzelne leidet auf den primitiven Stufen unter dem Druck der unbeherrschbaren Kräfte um ihn, die jenseits des engen Bezirkes der Tätigkeit seines Stammes oder Volkes liegen; aber Minderung dieses Druckes bringt ihm erst die Schöpfung des Glaubens durch den Gemeingeist. In jedem solchen Kultursystem entspringt aus dem Wesen der Leistung, welcher der Wirkungszusammenhang dient, eine Ordnung der Werte; in der gemeinsamen Arbeit für diese Leistung wird sie geschaffen; Objektivationen des Lebens entstehen, zu denen die Arbeit sich verdichtet hat; Organisationen, die der Realisierung der Leistungen in den Kultursystemen dienen – Rechtsbücher, philosophische Werke, Dichtungen. Das Gut, welches die Leistung zu realisieren hatte, ist nun da und es wird immerfort vervollkommnet.

Den Teilen eines solchen Wirkungszusammenhanges kommt nun Bedeutsamkeit in ihrem Verhältnis zu dem Ganzen als dem Träger von Werten und Zwecken zu. Zunächst haben die Teile des Lebensverlaufes nach ihrem Verhältnis zu dem Leben, seinen Werten und Zwecken, dem Raum, den etwas in ihm einnimmt, eine Bedeutung. Dann werden historische Ereignisse dadurch bedeutend, daß sie Glieder eines Wirkungszusammenhanges sind, indem sie zu Verwirklichungen von Werten und Zwecken des Ganzen mit anderen Teilen zusammenwirken.

Während wir dem komplexen Zusammenhang des geschichtlichen Geschehens ratlos gegenüberstehen und weder eine Struktur noch Regelmäßigkeiten noch eine Entwicklung in ihm gewahren können, zeigt jeder Wirkungszusammenhang, der eine Leistung der Kultur realisiert, eine ihm eigene Struktur. Wenn wir die Philosophie als einen solchen Wirkungszusammenhang auffassen, so stellt sie sich zunächst als eine Mannigfaltigkeit von Leistungen dar: Erhebung der Weltanschauungen zur Allgemeingültigkeit, Besinnung des Wissens über sich selbst, Beziehung unseres zweckmäßigen Tuns und praktischen Wissens auf den Zusammenhang der Erkenntnis, Geist der Kritik, der in der ganzen Kultur gegenwärtig ist, Zusammenfassen und Begründen. Doch die historische Forschung erweist, daß wir es hier überall mit Funktionen zu tun haben, die unter geschichtlichen Bedingungen auftreten, die aber letztlich in einer einheitlichen Leistung der Philosophie gegründet sind. Sie ist universale Besinnung, die so zu höchsten Generalisationen und letzten Begründungen beständig fortschreitet. Sonach ist die Struktur der Philosophie in dem Verhältnis dieses ihres Grundzuges zu den einzelnen Funktionen nach Maßgabe der Zeitbedingungen gelegen. So entwickelt sich überall die Metaphysik in dem inneren Zusammenhang von Leben, Lebenserfahrung und Weltanschauung. Indem das Streben nach Festigkeit, das in uns beständig mit der Zufälligkeit unseres Daseins ringt, in den religiösen und dichterischen Formen der Weltanschauung keine dauernde Befriedigung findet, entsteht der Versuch, die Weltanschauung zu allgemeingültigem Wissen zu erheben. Ferner kann im Wirkungszusammenhang eines Kultursystemes jedesmal eine Gliederung in einzelne Formen aufgefunden werden.

Jedes Kultursystem hat auf Grund seiner Leistung, seiner Struktur, seiner Regelmäßigkeit eine Entwicklung. Während im konkreten Verlauf des Geschehens kein Gesetz der Entwicklung zu finden ist, eröffnet die Analysis desselben in einzelne homogene Wirkungszusammenhänge den Blick in Abfolgen von Zuständen, die von innen bestimmt sind, die einander voraussetzen, so daß gleichsam auf der unteren Schicht jedesmal eine höhere sich erhebt, und die zu zunehmender Differenzierung und Zusammenfassung fortschreiten.

2. Die äußeren Organisationen und das politische Ganze. Die politisch organisierten Nationen

1. Auf der Grundlage der natürlichen Gliederung der Menschheit und der geschichtlichen Vorgänge entwickelten sich nun die Staaten der Kulturwelt, deren jeder in sich Wirkungszusammenhänge der Kultursysteme vereint, und vor allem die im Staat organisierten Nationen. Auf diese typische Form der gegenwärtigen politischen Organisation beschränkt sich hier die Analyse.

Jeder dieser Staaten ist eine aus verschiedenen Gemeinschaften zusammengesetzte Organisation. Der Zusammenhalt der in ihm vereinigten Gemeinschaften ist schließlich die souveräne Macht des Staates, über der es keine Instanz gibt. Und wer könnte leugnen, daß der im Leben begründete Sinn der Geschichte sich ebenso im Willen zur Macht, der diese Staaten erfüllt, in dem Herrschaftsbedürfnis nach innen wie nach außen äußert, als in den Kultursystemen? Und ist nicht mit allem Brutalen, Furchtbaren, Zerstörenden, das in dem Willen zur Macht enthalten ist, mit allem Druck und Zwang, der in dem Verhältnis von Herrschaft und Gehorsam nach innen liegt, das Bewußtsein der Gemeinschaft, der Zusammengehörigkeit, die freudige Teilnahme an der Macht des politischen Ganzen verbunden, Erlebnisse, welche zu den höchsten menschlichen Werten gehören? Die Klage über die Brutalität der Staatsmacht ist seltsam: denn, wie schon Kant sah, ist die schwerste Aufgabe des Menschengeschlechtes eben darin gelegen, daß der individuelle Eigenwille und sein Streben nach Erweiterung seiner Macht- und Genußsphäre durch den Gesamtwillen und den Zwang, den er übt, gebändigt werden muß, daß dann aber für solche Gesamtwillen im Falle ihres Konfliktes die Entscheidung nur im Krieg besteht und daß auch im Innern derselben Zwang die letzte Instanz ist. Auf dem Boden dieses der politischen Organisation einwohnenden Machtwillens entstehen die Bedingungen, welche überhaupt erst die Kultursysteme möglich machen. So tritt hier nun eine zusammengesetzte Struktur auf. In dieser sind Machtverhältnisse und Beziehungen von Zwecksystemen zu einer höheren Einheit verbunden. In ihr entsteht zunächst Gemeinsamkeit aus der Wechselwirkung der Kultursysteme. Ich versuche dies zu erläutern und gehe zu diesem Zweck zurück auf die älteste uns zugängliche germanische Gesellschaft, wie Cäsar und Tacitus sie beschreiben. Hier findet sich wirtschaftliches Leben, Staat und Recht mit Sprache, Mythos, Religiosität und Dichtung ebenso verbunden wie in jeder späteren Zeit. Zwischen den Beschaffenheiten der einzelnen Lebensgebiete besteht eine Wechselwirkung, die durch das Ganze zu einer gegebenen Zeit hindurchgeht. So entwickelte sich in der Taciteischen Germanenzeit aus dem kriegerischen Geist die Heldendichtung, die schon den Arminius in Liedern verherrlichte, und diese Dichtung wirkte dann wieder zurück auf die Verstärkung des kriegerischen Geistes. Ebenso entstand aus diesem kriegerischen Geiste die Unmenschlichkeit in der religiösen Sphäre, wie das Opfern der Gefangenen und das Aufhängen ihrer Leichen an heiligen Orten. Ebendieser Geist wirkte dann auf die Stellung des Kriegsgottes in der Götterwelt, und von da fand dann wieder eine Rückwirkung auf den kriegerischen Sinn statt. So entsteht eine Übereinstimmung in den verschiedenen Lebensgebieten, die so stark ist, daß wir von dem Zustand eines derselben auf den in einem anderen schließen können. Aber diese Wechselwirkung erklärt nicht vollständig die Gemeinsamkeiten, welche die verschiedenen Leistungen einer Nation miteinander verbinden. Daß zwischen Wirtschaft, Krieg, Verfassung, Recht, Sprache, Mythos, Religiosität und Dichtung in dieser Zeit eine außerordentliche Zusammenstimmung und Harmonie besteht, entspringt auch nicht daraus, daß irgendeine grundlegende Funktion, wie etwa das wirtschaftliche Leben oder die kriegerische Tätigkeit, die anderen bedingt hätte. Die Tatsache kann auch nicht einfach als Produkt der Wechselwirkung der verschiedenen Gebiete in ihrem damaligen Zustande aufeinander abgeleitet werden. Ganz allgemein gesprochen: welche Einwirkungen auch von der Stärke und den Eigenschaften gewisser Leistungen ausgegangen sind, vorwiegend stammt doch die Verwandtschaft, welche die verschiedenen Lebensgebiete miteinander innerhalb einer Nation verbindet, aus einer gemeinsamen Tiefe, die keine Beschreibung erschöpft. Sie ist für uns nur in den Lebensäußerungen da, die aus dieser Tiefe hervortreten und sie zum Ausdruck bringen. Es ist der Mensch einer Nation in einer gegebenen Zeit, der in jede Lebensäußerung auf einem bestimmten Gebiet der Kultur etwas von der Besonderheit seines Wesens hineingibt; denn die in dem Leistungszusammenhang verbundenen Lebensmomente der Individuen gehen, wie wir sahen, nicht aus diesem selbst ausschließend hervor, sondern immer ist der ganze Mensch wirksam in jeder seiner Betätigungen, und so teilt er denselben auch seine Eigenheit mit. Und da die staatliche Organisation verschiedene Gemeinschaften bis herab zur Familie in sich schließt, so umfaßt weiter der große Kreis des nationalen Lebens kleinere Zusammenhänge, Gemeinschaften, die ihre Eigenbewegung für sich haben; und alle diese Wirkungszusammenhänge kreuzen sich in den einzelnen Individuen. Noch mehr: der Staat zieht die Tätigkeit in den Kultursystemen an sich; das friderizianische Preußen ist der Typus einer solchen äußersten Steigerung der Intensität und Ausdehnung der Staatswirksamkeit. Neben den selbständigen Kräften, die in den Kultursystemen fortarbeiten, wirken in ihnen zugleich die vom Staat ausgehenden Tätigkeiten; in den Vorgängen, die einem solchen Staatsganzen angehören, ist Selbsttätigkeit und Bindung durch das Ganze überall miteinander vereinigt.

2. Die Eigenbewegung jedes einzelnen Kreises in diesem großen Wirkungszusammenhang ist von der Richtung auf den Vollzug seiner Leistung bestimmt. Diese Wirkungskraft hat die Duplizität der Spannung und einer positiven

Energie der Zwecksetzung in sich: alle Wirkungszusammenhänge stimmen hierin überein: aber jeder derselben hat doch seine eigene Struktur, welche von der Leistung abhängig ist, die er vollzieht. Wie verschieden ist die Struktur eines Kultursystemes, in welchem ein gegliederter Leistungszusammenhang sich realisiert, in welchem von diesem aus die Vorgänge in den Einzelnen bewegt werden, in welchem aus dem immanenten Wesen dieser Leistung die Entwicklung der Werte, Güter, Regeln, Zwecke bestimmt ist, von dem Wirkungszusammenhang in einer politischen Organisation, da in dieser ein solches in einer Leistung bestehendes immanentes Entwicklungsgesetz nicht existiert, da in ihr nach der Natur der Organisationen überhaupt die Ziele wechseln, die Maschine gleichsam zur Erfüllung einer anderen Aufgabe verwandt wird, ganz heterogene Aufgaben nebeneinander gelöst und Werte ganz verschiedener Klassen verwirklicht werden.

Aus solcher Zergliederung der geschichtlichen Welt in einzelne Wirkungszusammenhänge ergibt sich ein Schluß, der uns für die weitere Auflösung des in der geschichtlichen Welt enthaltenen Problems die Richtung gibt. Die Erkenntnis der Bedeutung und des Sinnes der geschichtlichen Welt wird oft, wie durch Hegel oder Comte, aus der Feststellung einer Gesamtrichtung in der universalgeschichtlichen Bewegung gewonnen. Es ist eine Operation, welche das Zusammenwirken vieler Momente in einer unbestimmten Anschauung ineinandersieht. In Wirklichkeit ergab sich uns, daß die historische Bewegung in den einzelnen Wirkungszusammenhängen verläuft. Und weiter zeigte sich, daß die ganze Fragestellung, die auf ein Ziel der Geschichte gerichtet ist, durchaus einseitig ist. Der *offenbare Sinn der Geschichte muß zuerst in dem immer Vorhandenen*, immer Wiederkehrenden in den Strukturbeziehungen, in den Wirkungszusammenhängen, der Ausbildung von Werten und Zwecken in ihnen, der inneren Ordnung, in der dieselben sich zueinander verhalten, gesucht werden – von der Struktur des Einzellebens ab bis zu der letzten allumfassenden Einheit: das ist der Sinn, den sie immer und überall hat, der auf der Struktur des Einzeldaseins beruht und der in der Struktur der zusammengesetzten Wirkungszusammenhänge an der Objektivation des Lebens sich offenbart. Diese Regelmäßigkeit bestimmte auch die bisherige Entwicklung, und ihr ist die Zukunft unterworfen. Die Analyse des Aufbaus der geistigen Welt wird vor allem die Aufgabe haben, diese Regelmäßigkeiten in der Struktur der geschichtlichen Welt aufzuzeigen.

Hiermit erledigt sich auch die Auffassung, welche die Aufgabe der Geschichte in dem Fortgang von relativen Werten, Bindungen, Normen, Gütern zu unbedingten sieht. Wir würden damit aus dem Gebiete der Erfahrungswissenschaften in das Gebiet der Spekulation eintreten. Denn die Geschichte weiß zwar von den Setzungen eines Unbedingten als Wert, Norm oder Gut. Solche treten überall in ihr auf – bald als in dem göttlichen Willen gegeben, bald in einem Vernunftbegriff der Vollkommenheit, in einem teleologischen Zusammenhang der Welt, in einer allgemein gültigen Norm unseres Handelns, die transzendental-philosophisch fundiert wäre. Aber die geschichtliche Erfahrung kennt nur die ihr so wichtigen Vorgänge dieser Setzungen: von sich aus aber weiß sie nichts von deren Allgemeingültigkeit. Indem sie dem Verlauf der Ausbildung solcher unbedingten Werte, Güter oder Normen nachgeht, bemerkt sie von verschiedenen unter ihnen, wie das Leben sie hervorbrachte, die unbedingte Setzung selbst aber nur durch die Einschränkung des Horizontes der Zeit möglich wurde. Sie blickt von da aus auf die Ganzheit des Lebens in der Fülle seiner historischen Manifestationen. Sie bemerkt den ungeschlichteten Streit dieser unbedingten Setzungen untereinander. Die Frage, ob die Unterordnung unter ein solches Unbedingtes, die ja ein historisches Faktum ist, logisch zwingend auf eine allgemeine zeitlich nicht eingeschränkte Bedingung im Menschen zurückgeführt werden muß, oder ob sie als Erzeugnis der Geschichte anzusehen sei, führt in die letzten Tiefen der Transzendentalphilosophie, die jenseits des Erfahrungskreises der Geschichte liegen und denen auch die Philosophie eine sichere Antwort nicht entreißen kann. Und wenn diese Frage auch im ersten Sinne entschieden würde, so könnte das dem Historiker nicht nützen für Auswahl, Verständnis, Zusammenhangsauffindung, wenn nicht der Gehalt dieses Unbedingten bestimmt werden kann. So wird der Eingriff der Spekulation in das Erfahrungsgebiet des Historikers kaum auf Erfolg rechnen dürfen. Der Historiker kann nicht auf den Versuch verzichten, Geschichte aus ihr selbst zu verstehen auf Grund der Analyse der verschiedenen Wirkungszusammenhänge.

3. So kann nun eine staatlich organisierte Nation als eine individuell bestimmte Struktureinheit von Wirkungszusammenhängen gefaßt werden. Der gemeinsame Charakter der staatlich organisierten Nationen beruht auf den Regelmäßigkeiten, die in der Bewegungsform der Wirkungszusammenhänge, den Beziehungen derselben untereinander und, da sie wert-und zweckschaffend sind, in der Beziehung von Wirkungszusammenhang, Werterzeugung, Zwecksetzung und Bedeutungszusammenhang innerhalb einer politischen Organisation bestehen. Jeder dieser Wirkungszusammenhänge ist auf eine besondere Art in sich zentriert, und darin ist die innere Regel seiner Entwicklung fundiert. Auf der Grundlage solcher Regelmäßigkeiten, welche durch alle staatlich organisierten Nationen hindurchgehen, erheben sich die individuellen Gestalten derselben, wie sie in der Geschichte um ihr Leben und ihre Geltung ringen und zusammenwirken.

In jeder staatlich organisierten Nation unterscheidet die Analysis – und nur diese, nicht die Entstehungsgeschichte der Nationen gehört in diesen Zusammenhang – verschiedene Momente. Zwischen den von ihr befaßten, in Wechselwirkung miteinander stehenden Individuen existieren Gemeinsamkeiten ihres Charakters und ihrer Lebensäußerungen; sie haben ein Bewußtsein dieser Gemeinsamkeiten und ihrer auf ihnen beruhendes Zusammengehörigkeit; eine Richtung auf Ausgestaltung dieser Zusammengehörigkeit ist darum in ihnen lebendig. Diese Gemeinsamkeiten können an den Einzelindividuen festgestellt werden, sie durchdringen und färben aber auch alle Zusammenhänge innerhalb der Nation. Die Analysis zeigt weiter in jeder Nation eine Verbindung von einzelnen Wirkungszusammenhängen. Die äußere und innere Macht des Staates macht die Nation zu einer selbständig wirkenden Einheit. Soziale Verbände sind in dieser Einheit übereinander gelagert, und jeder derselben ist ein relativ selbständiger Wirkungszusammenhang. Die über die einzelne Nation hinausgreifenden Kultursysteme treten in ihr zu den anderen Wirkungszusammenhängen in Verhältnis und werden modifiziert durch die Gemeinsamkeiten, welche durch das Volksganze hindurchgehen. Und die Kraft ihrer Wirkung wird durch die Verbände gesteigert, die aus ihrer Richtung auf eine bestimmte Leistung erwachsen. So entsteht die zusammengesetzte Struktur der staatlich organisierten Nation. Ihr entspricht eine neue innere Zentrierung dieses Ganzen. In ihm wird ein Wert für alle erlebt; das Wirken der Einzelnen hat an ihm ein gemeinsames Ziel. Die Einheit desselben objektiviert sich in Literatur, Sitten, Rechtsordnung und in den Organen des gemeinsamen Willens. Und diese Einheit äußert sich im Zusammenhang der nationalen Entwicklung.

Ich verdeutliche das Zusammenwirken der verschiedenen Momente in einem staatlich organisierten Ganzen, wie sie bestimmt worden sind, zum nationalen Leben einer Zeit in einigen Hauptpunkten.

Ich gehe dabei wieder zurück auf die Germanen der Zeit des Tacitus. Als Tacitus schrieb, war noch immer die Verbindung von Krieg mit der Bodenausnutzung, von Jagd mit der Viehzucht und dem Ackerbau die Grundlage des germanischen Lebens. Die Eindämmung der Ausbreitung der germanischen Stämme beschleunigte den natürlichen Verlauf zur Seßhaftigkeit, und Deutschland wurde ein ackerbauendes Land. Aus diesem Verhältnis zu Grund und Boden in Jagd, Viehzucht und Ackerbau entstand die Nähe des damaligen Germanen an die Erde und das, was auf ihr wächst und lebt. Und diese Nähe ist das erste entscheidende Moment für das geistige Leben der Germanen in dieser Epoche. Ebenso deutlich ist der Einfluß des anderen erwähnten gesellschaftlichen Faktors dieser Zeit, des kriegerischen Geistes der germanischen Stämme auf das politische Leben, die sozialen Ordnungen und die geistige Kultur der Zeit. Die Aufgaben des Krieges durchdrangen alle Teile des Lebens. Sie machten sich in dem Verhältnis der Familien zu der militärischen Ordnung, in den Hundertschaften geltend. Sie wirkten auf die Stellung der Häuptlinge und Fürsten. Aus dem kriegerischen Geist entstand auch das Gefolgswesen, das für die militärische und politische Entwicklung bedeutsam war. Den Fürsten umgeben als sein Gefolge freie Leute als militärische Hausgenossenschaft. Nur der Krieg konnte dies Gefolge ernähren. Es war durch das stärkste Treueverhältnis an den Fürsten gebunden: ein Verhältnis, das im Heldenlied und Volksepos uns in seiner ganzen eigentümlichen germanischen Schönheit entgegentritt. Aus dem Krieg ist dann das Heerkönigtum eines Marbod hervorgegangen.

Zu diesen Faktoren tritt die Individualität des Nationalgeistes hinzu. Gemeinsamkeiten desselben machen sich in dem Ergebnis der Wirkungszusammenhänge geltend. Der kriegerische Geist, der den germanischen Stämmen dieser Zeit mit frühen Stufen anderer Völker gemeinsam ist, zeigt bei ihnen doch eine besondere Stärke und Eigenart. Der Lebenswert der einzelnen Personen ist verlegt in deren kriegerische Eigenschaften. Es ist nach Tacitus, als ob die Besten von ihnen nur im Krieg wirklich voll lebten; die Sorge für Haus und Herd und Feld überließen sie den Frauen und den Kriegsuntüchtigen. Ein eigener Zug treibt diese germanischen Menschen, in der Ganzheit ihres Wesens zu wirken und ganz und restlos sich aufs Spiel zu setzen. Ihr Handeln ist nicht durch eine rationale Zwecksetzung bestimmt und begrenzt; ein Überschuß von Energie, der über den Zweck hinausgeht, etwas Irrationales ist in ihrem Tun. In ihrer unverbrauchten, unbezähmbaren Leidenschaft setzen sie im Würfelspiel auf den letzten Wurf ihre Person und Freiheit. In der Schlacht freuen sie sich der Gefahr. Nach dem Kampf verfallen sie in träge Ruhe. Ihr Mythos, ihre Heldensage sind von diesem naiven, unbewußten Wesenszuge ganz durchdrungen, nicht in der heiteren Anschauung der Welt wie die Griechen, nicht in der gedankenmäßig abgegrenzten Zweckbestimmung wie die Römer, sondern in der Äußerung der Kraft als solcher ohne Begrenzung, in der so entstehenden Erschütterung, Erweiterung, Erhebung der Persönlichkeit, den höchsten Wert und Genuß des Daseins zu besitzen. Dieser Zug, der in der Kampfesfreude seinen höchsten Ausdruck findet, übt seinen Einfluß auf die ganze Entwicklung unserer politischen Ordnungen und unseres geistigen Lebens.

Und ein letztes unter den Momenten, die ein bestimmtes nationales Ganzes enthält und die seine Entwicklung determinieren, liegt in der Einordnung von einzelnen, kleineren Verbänden in das politische Ganze, wie sie durch die Verhältnisse der Herrschaft und des Gehorsams sowie der Gemeinschaft, die in einem souveränen Staatswillen zusammengefaßt sind, entsteht. So folgen in Deutschland aufeinander das Volkskönigtum in kleinen Gemeinschaften von unvollkommener Differenzierung der Struktur, dann, auf zunehmender Arbeitsteilung gegründet, Berufsgliederung, Trennung der Stände in einem locker verbundenen nationalen Ganzen, die Ausbildung der Selbstherrschaft mit ihrer intensiven und ausgedehnten Staatstätigkeit in den Territorialstaaten, welche allmählich zwischen den Rechten der Individuen und dem Machtstreben der Selbstherrscher die Gliederung nach Beruf und Ständen zerreibt, und endlich der Fortgang dieser Staaten zu beständiger Erweiterung der individuellen Rechte der einzelnen, der Rechte der Volksgemeinschaft im repräsentativen System, demokratischen Ordnungen entgegen, und ebenso anderseits die Unterordnung der fürstlichen Rechte unter das nationale Kaisertum. Faßt man diese Entwicklung ins Auge, so zeigt sich, daß sie überall zweiseitig bedingt ist. Sie ist einerseits abhängig vom veränderlichen Verhältnis der Kräfte innerhalb des Staatensystems, sie ist anderseits bedingt von den Faktoren der inneren Entwicklung des Einzelstaates, die wir durchlaufen haben.

So zeigt sich die Möglichkeit, den Wirkungszusammenhang, der die einzelnen Momente in der Entwicklung einer Nation und die Gesamtentwicklung der Nation bedingt, der Analyse zu unterwerfen und in seine Faktoren zu zerlegen. Die Regelmäßigkeiten, welche in der Struktur des politischen Ganzen bestehen, bestimmen die Lagen des Ganzen und seine Veränderungen. Es lagern sich gleichsam Schichten von Lebensordnungen dieses Ganzen übereinander, deren jede spätere die frühere voraussetzt, wie wir an den Veränderungen der politischen Organisation gesehen haben. Jede dieser Schichten zeigt eine innere Ordnung, in welcher die Wirkungszusammenhänge, vom Individuum ab, Werte ausbilden, Zwecke realisieren, Güter sammeln, Regeln des Wirkens entwickeln. Träger und Ziele dieser Leistungen sind aber verschieden. So entsteht das Problem der inneren Beziehung all dieser Leistungen aufeinander, in welcher sie ihre Bedeutung haben. Damit führt uns die Analyse des logischen Zusammenhangs der Geisteswissenschaften zu einer weiteren Aufgabe, über deren Lösung durch die Verbindung geisteswissenschaftlicher Methoden der Aufbau der Geisteswissenschaften uns Aufschluß geben wird.

3. Zeitalter und Epochen

Lassen sich so in einer bestimmten Zeitperiode einzelne Wirkungszusammenhänge analytisch herausholen und die in ihnen enthaltenen Entwicklungsmomente aufzeigen, lassen sich ferner die Beziehungen, die diese Einzelzusammenhänge zu einem strukturellen Ganzen verbinden, und die Gemeinsamkeiten in den Teilen eines politischen Ganzen bestimmen: so vermögen wir weiter die andere Seite der geschichtlichen Welt, die Linie des Zeitverlaufs und der Veränderungen in ihm durch Rückgang auf die Wirkungszusammenhänge als ein kontinuierliches und doch in Zeitabschnitte trennbares Ganzes zu verstehen. Was zunächst die Generationen, Zeitalter, Epochen[20] charakterisiert, sind herrschende, große, durchgehende Tendenzen. Es ist die *Konzentration* der ganzen Kultur eines solchen Zeitraumes in sich selbst, so daß in der Wertgebung, den Zwecksetzungen, den Lebensregeln der Zeit der Maßstab für Beurteilung, Wertschätzung, Würdigung von Personen und Richtungen gelegen ist, welche einer bestimmten Zeit ihren Charakter gibt. Der Einzelne, die Richtung, die Gemeinschaft haben ihre *Bedeutung* in diesem Ganzen nach ihrem inneren Verhältnis zum Geist der Zeit. Und da nun jedes Individuum in einen solchen Zeitraum eingeordnet ist, so folgt weiter, daß die Bedeutung desselben für die Geschichte in diesem seinem Bezug zu der Zeit liegt. Diejenigen Personen, welche in dem Zeitraum kraftvoll fortschreiten, sind die Führer der Zeit, ihre Repräsentanten.

In diesem Sinne spricht man vom Geist einer Zeit, vom Geist des Mittelalters, der Aufklärung. Damit ist zugleich gegeben, daß jede solcher Epochen eine Begrenzung findet in einem *Lebenshorizont*. Ich verstehe darunter die Begrenzung, in welcher die Menschen einer Zeit in bezug auf ihr Denken, Fühlen und Wollen leben. Es besteht in ihr ein Verhältnis von Leben, Lebensbezügen, Lebenserfahrung und Gedankenbildung, welche die Einzelnen in einem bestimmten Kreis von Modifikationen der Auffassung, Wertbildung und Zwecksetzung festhält und bindet. Unvermeidlichkeiten regieren hierin über den einzelnen Individuen.

Neben der herrschenden, großen, durchgehenden Tendenz, die der Zeit ihren Charakter gibt, bestehen andere, die sich ihr entgegensetzen. Sie streben Altes zu konservieren, sie bemerken die nachteiligen Folgen der Einseitigkeit des Zeitgeistes und wenden sich gegen ihn; wenn dann aber ein Schöpferisches, Neues hervortritt, das aus einem anderen Gefühl des Lebens entspringt, dann beginnt mitten in diesem Zeitraum die Bewegung, die bestimmt ist, eine neue Zeit herbeizuführen. Jede Entgegensetzung vorher bleibt auf dem Boden des Zeitalters oder der Epoche; was in ihr sich entgegenstemmt, hat auch zugleich die Struktur der Zeit selbst. In diesem Schöpferischen beginnt dann erst ein neues Verhältnis von Leben, Lebensbezügen, Lebenserfahrung und Gedankenbildung.

So sind die Bedeutungsverhältnisse, die in einem Zeitraum zwischen den historischen Kräften bestehen, gegründet in derjenigen Beziehung der Gemeinsamkeiten und Wirkungszusammenhänge zueinander, die man als *Richtungen, Strömungen, Bewegungen* bezeichnen kann. Erst von ihnen aus gelangt man zu dem verwickelteren Problem, den Strukturzusammenhang eines Zeitalters oder einer Periode analytisch zu bestimmen.

Ich verdeutliche das Problem, indem ich die deutsche Aufklärung auf diesen inneren Zusammenhang hin betrachte. Denn indem man die Analyse eines Zeitalters zunächst an einer einzelnen Nation vollzieht, vereinfacht sich die Aufgabe.

Die Wissenschaft hatte sich im 17. Jahrhundert konstituiert. Aus der Entdeckung einer Ordnung der Natur nach Gesetzen und der Anwendung dieser Kausalerkenntnis auf die Herrschaft über die Natur war die Zuversicht des Geistes auf regelmäßigen Fortgang der Erkenntnis entsprungen. In dieser Arbeit für die Erkenntnis waren die Kulturnationen miteinander verbunden. So entstand die Idee einer im Fortschritt geeinigten Menschheit. Es bildete sich das Ideal einer Herrschaft der Vernunft über die Gesellschaft; dieses erfüllte die besten Kräfte; sie waren so zu einem gemeinsamen

Zweck vereinigt; sie arbeiteten nach derselben Methode, sie erwarteten von dem Fortschritt des Wissens die Fortbildung der gesamten gesellschaftlichen Ordnung. Das alte Gebäude, an dessen Bau Kirchenherrschaft, Feudalverhältnisse, unbeschränkter Despotismus, Fürstenlaunen, Priesterbetrug zusammengewirkt hatten, das die Zeiten immer umänderten, das immer neuer Arbeiten bedurfte, sollte nun umgewandelt werden in einen zweckmäßigen, heiteren, symmetrischen Bau. Dies ist die innere Einheit, in welcher das geistige Leben der Individuen, Wissenschaft, Religion, Philosophie und Kunst in dem europäischen Zusammenhang der Aufklärung zu einem Ganzen verbunden sind.

Diese Einheit vollzog sich auf verschiedene Art in den einzelnen Ländern. In besonders glücklicher und fester Weise gestaltete sie sich in Deutschland. Eine allgemeine Richtung in seinem höheren geistigen Leben machte sich dabei geltend. Indem man rückwärts geht, erblickt man, bis auf Freidank hinunter, in Deutschland die Tendenz, das Leben durch feste Regeln mit Bewußtsein zu ordnen. Wollte man diese als moralisch bezeichnen, so würde das die Tatsache unter einen einseitigen Gesichtspunkt stellen und ihren Umfang zu eng bestimmen. Der Ernst der nordischen Völker ist hier mit einem grübelnden Bedürfnisse der Besinnung verbunden, das aus einer Hinwendung zur Innerlichkeit des Lebens stammt und ohne Zweifel mit den politischen Zuständen zusammenhängt. Wie in dem unbeweglich gewordenen Reich Rechtsklauseln, Privilegien, Übereinkünfte die freie Lebensbewegung hemmen, so ist auch im Einzelnen das Gefühl der Bindung stärker als das der freien Zwecksetzung. Im Lebensgenuß wird immer ein Unrecht empfunden. Die Starken raffen ihn an sich, aber es ist in ihm etwas, was ihr Gewissen bedenklich macht. So ist in der deutschen Philosophie des 18. Jahrhunderts ein Grundzug, der Leibniz, Thomasius, Wolff, Lessing, Friedrich den Großen, Kant und unzählige Geringere miteinander vereinigt. Diese Richtung auf Bindung und Pflicht war durch die Entwicklung des Luthertums und seiner Moral von Melanchthon ab gefördert worden. Sie wurde begünstigt durch die Gliederung der Gesellschaft unter dem Begriff des Berufs und des Amts, welche Luther in die moderne Zeit hinübergeführt hatte. Und indem sich nun die Tendenz zur Selbständigkeit der Person in der Aufklärung steigert, wird die Vollkommenheit zur Pflicht. In der Vernunft liegt ein Naturgesetz des Geistes, welches vom Individuum die Realisierung der Vollkommenheit in sich und anderen verlangt. Diese Forderung ist Pflicht: eine Pflicht, die nicht die Gottheit auflegt, sondern die aus dem Gesetz unserer eigenen Natur entspringt und durch Vernunftgründe festgestellt werden kann. Erst nachträglich darf dann die Vernunftregel auf den Grund der Dinge bezogen werden. Dies ist die Lehre Wolffs, die rückwärts auf Pufendorf, Leibniz, Thomasius zurückgeht und vorwärts zu Kant hinführt. Sie hat die ganze Literatur der deutschen Aufklärung erfüllt. In dieser Lehre liegt das einigende Band, das die Deutschen der

Aufklärung mit denen des 17. Jahrhunderts verbindet und einen einheitlichen Gesamtgeist in dieser Epoche hervorruft, der als etwas Unwägbares, überall modifiziert und doch immer dasselbe, die Nation durchdringt. Es ist eine Bestimmung des Lebenswertes, welche dem Lebenszusammenhang der deutschen Aufklärung zugrunde liegt. Das neue Schema des Fortgangs der Seele zu ihrem höchsten Wert ist in dem Vernunftcharakter des Menschen gegründet. Die Einzelperson realisiert ihren Zweck, indem sie, mündig durch Vernunftgründe, die Herrschaft der Vernunft über die Leidenschaften in sich herbeiführt, und diese Herrschaft der Vernunft äußert sich als Vollkommenheit. Da nun die Vernunft allgemeingültig und allen gemeinsam ist und die Vollkommenheit des Ganzen durch die Vernunft höher steht als die Vollkommenheit des einzelnen, – in dem Sinne, daß die Vollkommenheit aller einzelnen einen höheren Wert hat als die *einer* Person –, wodurch hier die höchste Bindung entsteht, kraft deren der einzelne an das Wohl des Ganzen gebunden ist, so ergibt sich hieraus die nähere Bestimmung dieses Prinzips als der Vollkommenheit aller einzelnen, die erreicht wird durch den Fortschritt des Ganzen. Dies Prinzip der Aufklärung hat seinen Grund nicht im reinen Denken, und seine Herrschaft beruht nicht auf diesem, sondern es sind alle die Lebenswerte, welche die Menschen der Aufklärung erfahren, die in diesem Prinzip zu einem abstrakten Ausdruck gelangen. Daher wird diesen Köpfen, Wolff voran, Vollkommenheit, seltsam genug, zu einer Pflicht, das Streben nach ihr zu einem Gesetz, welches das Individuum bindet, und schließlich wird die Gottheit für Wolff und seine Schüler zum Gegenstand von Pflichten, die im Streben zur Vollkommenheit ihren Mittelpunkt haben. Die Lebenserfahrung selbst, in welcher diese Ideen gegründet sind, kann man am besten an Leibniz studieren. Sie beruht auf dem Erlebnis des Glücks der Entwicklung. In das Fortschreiten selber verlegt der große Denker, wie dann Lessing, das höchste Glück des Menschen, da der Inhalt des Augenblicks dieses ihm nie zu gewähren vermag. Und daß dies Fortschreiten nicht auf diesen oder jenen einzelnen Zweck sich bezieht, sondern auf die Entwicklung der individuellen Person und alles in ihr umfaßt, alles verbindet, das spricht Leibniz zuerst so aus – kraft seines Erlebens. Dies Erlebnis war allenthalben vorbereitet, weil das Individuum in der Unseligkeit des nationalen Lebens immer wieder auf sich selbst und die gemeinsamen Kulturaufgaben zurückgewiesen wurde. Wie es von Leibniz ausgesprochen wurde, wirkte es überall hin. Und mit den so aus dem Leben selbst hervorgehenden Wertbegriffen, die Leibniz aufnahm, ist nun zugleich die Aufgabe bestimmt, die er seiner Philosophie stellte, aus dem Zusammenhang der individuellen Daseinswerte die Bedeutung des Lebens und den Sinn der Welt abzuleiten.

So führt im Zeitalter der Aufklärung ein einheitlicher Zusammenhang von der Form des Lebens zu der Lebenserfahrung, von den in ihr enthaltenen Erlebnissen zur Repräsentation derselben in Wertbegriffen, Pflichtgeboten, Zweckbestimmungen,

Bewußtsein der Bedeutung des Lebens, des Sinnes der Welt. Und nun wächst in diesem Zusammenhang das Bewußtsein des Zeitalters über sich selbst, und in dem Fortgang zu abstrakten Formeln erhalten diese vermittels der Demonstration aus der Vernunft einen absoluten Charakter; unbedingte Werte, Bindungen, Pflichten, Güter werden formuliert, während doch der Historiker gerade hier ihre Entstehung aus dem Leben selbst klar durchschaut.

Sehen wir so in der Besinnung des Individuums über das Leben in Deutschland eine Tendenz auf dessen rationale Gestaltung, so entwickelt sich hier zugleich eine analoge Tendenz im staatlichen Leben auf der Grundlage der Eigenbedingungen des politischen Wirkungszusammenhangs.

Immer eingreifender war in der europäischen Entwicklung der Neuzeit auf den verschiedenen Kulturgebieten die Tätigkeit des Staates geworden. In dem Beamtentum, dem Militärwesen, den Finanzeinrichtungen liegt nunmehr das organisatorische Zentrum aller Machtverhältnisse, und die Tätigkeit des Staates wird zu einer treibenden Kraft der Kulturbewegung. In diesem Vorgang wirken überall der Kampf der großen Staaten untereinander um Macht und Ausdehnung und das innere Bedürfnis, ihre in Krieg und Erbfall zusammengekommenen Teile zu einem einheitlichen Ganzen zu machen. In dem Monarchen, seinem Beamtentum, seiner Armee konzentriert sich die Einheit der neuen Staaten. Dieselben müssen zu festerer Gliederung ihrer Organe und zur intensiveren Ausnutzung ihrer Kräfte übergehen. Diese aber wird nur möglich durch rationaleren Betrieb der Geschäfte; der politische Fortschritt wächst nicht, sondern er wird gemacht. Jede Tätigkeit des Ganzen wird von rationaler Zwecksetzung bestimmt. Dieses Ganze nimmt immer mehrere Kulturaufgaben in sich auf – das Schulwesen, die Wissenschaft, ja, wo es erreichbar war, das kirchliche Leben. Die Fürsten repräsentieren in sich nicht nur die Einheit, sondern die Kulturrichtung des ganzen Staates. Die freien irrationalen Kräfte der Treue von Person zu Person werden ersetzt durch berechenbare und sicher wirkende. So vollzieht sich auch im staatlichen Leben die Beziehung der Kräfte, welche dem Zeitalter der Aufklärung seine Einheit gibt. Dem, was der Staat bedarf, rationale Ordnung des Lebens und rationale Verwertung der Natur, kommt nun die im 17. Jahrhundert begründete wissenschaftliche Bewegung entgegen, und diese ihrerseits findet im Staat das Organ, alle Zweige des Lebens einer rationalen Regelung zu unterwerfen, vom wirtschaftlichen Betrieb bis zu den Regeln des guten Geschmacks in den Künsten.

Kein Land war nun politisch für diese innere Beziehung, in welcher das Wesen der Aufklärung lag, so vorbereitet wie Deutschland. Seine kleineren Staaten waren auf Entwicklung der Kultur angewiesen und Preußen dazu auf die Förderung der geistigen Kräfte für den Machtkampf. Der Kreislauf der religiösen und wissenschaftlichen Kräfte vom Leben der protestantischen Gemeinden zu Schulwesen und Universitäten, von diesen zum Fortschritt des religiösen Denkens in der Geistlichkeit und der Rechtsideen bei den Juristen, dann wieder rückwärts zum Volk war nirgends so entwickelt wie hier.

So sind es Kräfte von ganz verschiedenem Ursprung, Wirkungszusammenhänge, die in ganz verschiedenen Stadien ihrer Entwicklung begriffen sind, welche in der deutschen Aufklärung zusammenwirken.

Während sich so die Einheit des Geistes der Aufklärung in der Wissenschaft und der philosophischen Besinnung wie im gesellschaftlichen Leben realisiert, vollzieht sie sich zugleich durch die Wirksamkeit dieses Geistes in allen einzelnen Gebieten des geistigen Lebens. In der Rechtsentwicklung in Deutschland haben wir ein interessantes Beispiel hiervon an der Entstehung der vollkommensten Gesetzgebung der Zeit – des Landrechts. In Halle bildet sich eine aus dem Geist des preußischen Staats entstandene selbständige Richtung des Naturrechts und der darauf gegründeten Jurisprudenz. Thomasius, Wolff, Böhmer und viele Geringere verbreiten die Rechtsauffassung dieser Schule durch ihre Schriften überallhin. Sie bilden die Beamten aus, die nunmehr durch die Einheit und den nationalen Charakter ihrer Geistesrichtung geeignet sind, das langstockende Gesetzgebungswerk Preußens zu vollenden. Unter der Einwirkung dieses Naturrechts stehen der König, der das Werk fordert, und die Minister und Räte, die es ausführen. Derselbe innere Zusammenhang besteht in der religiösen Bewegung der Aufklärungszeit. Auch sie zeigt die eigentümliche Zweiseitigkeit der deutschen Aufklärung. Sie ist zugleich polemisch und aufbauend. Kirchengeschichte, Naturrecht und Kirchenrecht wirken im deutschen Protestantismus zusammen zu einer Anschauung des Urchristentums, die in Böhmer, Semler, Lessing, Pfaff die Kraft wird, ein neues Ideal der Religiosität und der kirchlichen Ordnung hervorzubringen. Und auch hier vollzieht sich die Zirkulation der Ideen, die von dem Ungenügen am Bestehenden und der positiven Macht der allgemeinen neuen Ideen durch die Schulen und die Universitäten, welche von der Macht der kirchlichen Orthodoxie unabhängig sind und mit dem allgemeinen wissenschaftlichen Geist in Zusammenhang stehen, hinüberführt zur Ausbildung des einzelnen Geistlichen, der nun in Stadt oder Land ein aufgeklärtes Christentum zur Geltung bringt, welches eins ist mit dem Geist der Zeit. Eine so schlichte, folgerichtige, auf die höchsten moralisch-religiösen Ideen gerichtete und zugleich mit dem Theismus des Christentums so einstimmige Wirkung hat die christliche Religiosität zu keiner Zeit geübt wie im Zeitalter der deutschen Aufklärung. Neue religiöse Werte von der größten Tragweite haben sich so damals im kirchlichen und religiösen Leben gebildet. Auch die deutsche Dichtung der Zeit wird bestimmt von der Umwälzung der Werte und Zwecke, die sich in der Aufklärungszeit vollzieht. Die Aufklärung im Staate der Selbstherrschaft wirkt auf das poetische Schaffen. Von Frankreich ausgehend, wird in Deutschland im Zusammenhang mit der gebildeten Gesellschaft die neue Prosa gebildet. Den dichterischen Gattungen werden ihre Regeln vorgezeichnet, und diese Regeln disziplinieren die höhere Form der Phantasiekunst von Shakespeare und Cervantes zu der Form streng logisch gegliederter dichterischer Gebilde. Das Ideal dieser Dichtung wird der durch die Idee der Vollkommenheit und der Aufklärung bestimmte Mensch. Und ihre Weltanschauung ist der Glaube an die teleologische Ordnung der Welt von der Natur aufwärts. Der direkte Ausdruck dieses Ideals und dieser Weltanschauung wird das Lehrgedicht; Idyll und Elegie schließen sich ihm an. Der tragische Zug im Leben wird nicht verstanden: Lustspiel, Schauspiel und vor allem der Roman werden zum höchsten poetischen Ausdruck der Zeit und erhalten eine dementsprechende Struktur: ein von optimistischen Ideen geleiteter Realismus durchdringt alle poetischen Werke.

Dieser einheitliche Zusammenhang, in welchem auf den verschiedensten Lebensgebieten die herrschende Richtung der deutschen Aufklärung zum Ausdruck kommt, bestimmt nun aber nicht alle Menschen, die diesem Zeitalter angehören, und auch wo er Einfluß gewinnt, wirken oft neben ihm andere Kräfte. Die Widerstände des voraufgehenden Zeitalters machen sich geltend. Besonders wirksam sind die Kräfte, welche an die älteren Zustände und Ideen anknüpfen, ihnen aber eine neue Form zu geben suchen.

In der religiösen Sphäre trat so der Pietismus auf. Er war der stärkste unter den Kräften, in denen das Alte neue Formen annahm. Er ist der Aufklärung verwandt in der zunehmenden Gleichgültigkeit gegen äußere kirchliche Formen, in der Forderung der Toleranz, vor allem aber darin, daß er jenseits der Tradition und Autorität, welche die Kritik untergraben hatte, einen einfachen, klaren Rechtsgrund für den Glauben sucht. Dieser liegt im Umgang mit Gott und der hierauf gegründeten religiösen Erfahrung. Nur der Bekehrte versteht die Bibel: ihm eröffnet sich das in ihr mitgeteilte göttliche Wort; er ist imstande, gleichsam Entdeckungen im Gebiet des Christentums zu machen. Die Toleranz des Pietismus besteht darin, daß sie jeden auf Bekehrung gegründeten christlichen Glauben anerkennt. Die eigene religiöse Erfahrung muß der in ihr erweckte Pietist ergänzen durch fremde Bekehrungsgeschichten. Und so sehen wir, wie der Pietismus der großen individualistischen Bewegung angehört, indem er über das Luthertum mit der Ausschaltung der Kirche aus dem innerpersönlichen Vorgang hinausgeht. Aber zugleich setzt er sich nun doch der Aufklärung entgegen durch seine Einstimmigkeit mit Luthers Zuversicht zu der im Umgang mit Gott entstehenden religiösen Erfahrung. Der Pietismus steht dann wieder in einem inneren Verhältnis zur Vollendung unserer geistlichen Musik in Sebastian Bach. Wohl war Bach kein Pietist, aber die Gesänge der christlichen Seele, welche die Darstellung des Lebens Christi begleiten, zeigen schon für sich allein ausreichend seinen Zusammenhang mit der subjektiven religiösen Innerlichkeit, die in der pietistischen Bewegung ans Licht trat.

Dieselbe am Bestehenden haftende Richtung äußerte sich gegenüber den politischen Tendenzen der aufgeklärten Selbstherrschaft. Sie war auf die Aufrechterhaltung des Reiches, der ständischen Privilegien in den einzelnen Staaten und der Fortbildung der alten Rechte gerichtet. Aber auch diese Tendenzen erhalten ihr höheres Bewußtsein und ihre Begründung durch das Studium der staatswissenschaftlichen Literatur der Aufklärung, und die Vorschläge eines Schlosser und Möser suchen doch auch den neuen Bedürfnissen und dem Geist der Aufklärung genug zu tun. Die politischen Ideen der Aufklärung mußten Möser umgeben, wenn er aus den bestehenden Zuständen sein Verständnis derselben und seine praktischen Tendenzen entwickeln sollte.

Und man erfaßt doch erst ganz die innere Beziehung der Richtungen, welche die Gegensätze und die Veränderlichkeit in einem solchen Zeitraum bestimmt haben, an dem Beispiel der deutschen Aufklärung, wenn man die Momente feststellt, die innerhalb der Grundrichtung selbst eine Wendung in Zukünftiges ermöglichen. Gerade die Richtung der Aufklärung auf ein Regelhaftes rief auf verschiedenen Gebieten die Versenkung in geschichtliche Tatbestände hervor, in welchen die Regel erfüllt zu sein schien. So fand man im Urchristentum den Typus einer freieren Religiosität, und dies verstärkte die Richtung auf das Studium desselben in Thomasius, Böhmer und Semler. Die Regeln, welche die Kritik dieser Zeit in der Kunst aufstellte, wurden verstärkt durch die Vertiefung in den Typus der antiken Kunst, und dies war der Standpunkt, aus welchem Winckelmann und Lessing die Kunst des Altertums und die Gesetze künstlerischen Schaffens durcheinander erleuchteten. Ein anderes Moment der Wendung auf die Aufgaben der Zukunft lag darin, daß die Vertiefung in die Einzelperson hinüberführte in die Betonung der Individualität des Schaffens und des Genies.

Fragen wir uns also, wie inmitten des Flusses des Geschehens, der Deutschland umströmt und ununterbrochen, beständig Veränderungen herbeiführend, fortgeht, eine solche Einheit abgegrenzt werden kann, so ist die Antwort zunächst, daß jeder Wirkungszusammenhang sein Gesetz in sich selbst trägt, und daß nach diesem seine Epochen ganz verschieden sind von denen der anderen. So hat die Musik eine Eigenbewegung, nach welcher der religiöse Stil, der aus der höchsten Macht des christlichen Erlebnisses hervorging, in Bach und Händel zu derselben Zeit seinen Höhepunkt erreichte, in welcher die Aufklärung bereits die herrschende Richtung in Deutschland war. Und in derselben Zeit, in welcher Lessings vollkommenste Werke entstanden, trat die neue schöpferische Bewegung vom »Sturm und Drang« hervor, welche den Anfang der folgenden Epoche in der Literatur bezeichnet. Fragen wir dann weiter, welches die Bezüge sind, die zwischen den verschiedenen Wirkungszusammenhängen eine Einheit herstellen, so lautet die Antwort: nicht eine Einheit, die durch einen Grundgedanken ausdrückbar wäre, ist es, sondern vielmehr ein Zusammenhang zwischen den Tendenzen des Lebens selbst, der im Verlauf sich ausbildet.

Man kann im geschichtlichen Verlauf Zeiträume abgrenzen, in denen von der Verfassung des Lebens bis zu den höchsten Ideen eine geistige Einheit sich bildet, ihren Höhepunkt erreicht und sich wieder auflöst. In jedem solchen Zeitraum besteht eine ihm mit allen anderen gemeinsame innere Struktur, die den Zusammenhang der Teile des Ganzen, den Verlauf, die Modifikationen in den Tendenzen bestimmt: wir werden später sehen, was die Methode der Vergleichung für eine solche Strukturauffassung leisten kann. – In der immerwährenden Wirksamkeit der allgemeinen Strukturverhältnisse ergab sich uns vor allem die Bedeutung und der Sinn der Geschichte. Wie diese an jedem Punkt und zu jeder Zeit walten und das Leben der Menschen bestimmen, das in erster Linie ist der Sinn der geistigen Welt. Die Aufgabe ist, ganz systematisch von unten die Regelmäßigkeiten zu studieren, welche die Struktur des Wirkungszusammenhanges in den Trägern desselben vom Individuum aufwärts ausmachen. Wiefern diese Strukturgesetze dann ermöglichen. Voraussagen über die Zukunft zu bilden, kann erst bestimmt werden, wenn dieses Fundament gelegt ist. Das Unveränderliche, Regelhafte in den geschichtlichen Vorgängen ist der erste Gegenstand des Studiums, und davon ist die Antwort auf alle Fragen nach dem Fortschritt in der Geschichte, nach der Richtung, in der die Menschheit sich bewegt, abhängig. – Die Struktur eines bestimmten Zeitalters erwies sich dann als ein Zusammenhang der einzelnen Teilzusammenhänge und Bewegungen in dem großen Wirkungskomplex einer Zeit. Aus höchst mannigfachen und veränderlichen Momenten bildet sich ein kompliziertes Ganzes. Und dieses bestimmt nun die Bedeutung, welche allem, was in dem Zeitalter wirkt, zukommt. Wenn der Geist eines solchen Zeitalters aus Schmerzen und Dissonanzen geboren ist, dann hat jeder einzelne in ihm und durch ihn seine Bedeutung. Von diesem Zusammenhang sind vor allem die großen historischen Menschen bestimmt. Ihr Schaffen geht nicht in geschichtliche Ferne, sondern schöpft aus den Werten und dem Bedeutungszusammenhang des Zeitalters selbst seine Ziele. Die produktive Energie einer Nation in einer bestimmten Zeit empfängt gerade daraus ihre höchste Kraft, daß die Menschen der Zeit auf deren Horizont eingeschränkt sind; ihre Arbeit dient der Realisierung dessen, was die Grundrichtung der Zeit ausmacht. So werden sie die Repräsentanten derselben.

Alles hat in einem Zeitalter seine Bedeutung durch die Beziehung auf die Energie, die ihm die Grundrichtung gibt. Sie drückt sich aus in Stein, auf Leinwand, in Taten oder Worten. Sie objektiviert sich in Verfassung und Gesetzgebung der Nationen. Von ihr erfüllt, faßt der Historiker die älteren Zeiten auf, und der Philosoph versucht, von ihr aus den Sinn der Welt zu deuten. Alle Äußerungen der das Zeitalter bestimmenden Energie sind einander verwandt. Hier entsteht die Aufgabe der Analyse, in den verschiedenen Lebensäußerungen die Einheit der Wertbestimmung und Zweckrichtung zu erkennen. Und indem nun die Lebensäußerungen dieser Richtung hindrängen zu absoluten Werten und Zweckbestimmungen, schließt sich der Kreis, in welchem die Menschen dieses Zeitalters eingeschlossen sind; denn in ihm sind auch die entgegenwirkenden Tendenzen enthalten. Sahen wir doch, wie die Zeit auch ihnen ihr Gepräge aufdrückt und wie die herrschende Richtung ihre freie Entwicklung niederhält. So ist der ganze Wirkungszusammenhang des Zeitalters durch den Nexus des Lebens, der Gemütswelt, der Wertbildung und der Zweckideen desselben immanent bestimmt. Jedes Wirken ist historisch, das in diesen Zusammenhang eingreift; er macht den Horizont der Zeit aus, und durch ihn ist schließlich die Bedeutung jedes Teiles in diesem System der Zeit bestimmt. Dies ist die Zentrierung der Zeitalter und Epochen in sich selbst, in welcher das Problem der Bedeutung und des Sinnes in der Geschichte sich löst.

Jedes Zeitalter enthält die Rückbeziehung auf das frühere, die Fortwirkung der in jenem entwickelten Kräfte in sich, und zugleich ist in ihm schon das Streben und Schaffen enthalten, welches das folgende vorbereitet. Wie es entstanden ist aus der Insuffizienz des früheren, so trägt es in sich die Grenzen, Spannungen, Leiden, welche das künftige vorbereiten. Da jede Gestalt des geschichtlichen Lebens endlich ist, muß in ihr eine Verteilung von freudiger Kraft und von Druck, von Erweiterung des Daseins und Lebensenge, von Befriedigung und Bedürfnis enthalten sein. Der Höhepunkt der Wirkungen ihrer Grundrichtung ist nur kurz. Und von einer Zeit zur anderen geht der Hunger nach allen Arten von Befriedigung, der niemals gesättigt werden kann.

Was sich uns auch ergeben mag über das Verhältnis der historischen Zeitalter und Perioden untereinander in bezug auf die fortschreitende Zusammensetzung in der Struktur des geschichtlichen Lebens: es ist die Natur der Endlichkeit aller Gestalten der Geschichte, daß sie mit Daseinsverkümmerung und Knechtschaft, mit unerfüllter Sehnsucht behaftet sind. Und dies vor allem auf Grund davon, daß Machtverhältnisse aus dem Zusammenleben psycho-physischer Wesen nie eliminiert werden können. Wie die Selbstherrschaft der Aufklärungszeit ebenso Kabinettskriege, Ausnutzung der Untertanen für das Genußleben der Höfe hervorbrachte als das Streben der rationalen Entwicklung der Kräfte, so enthält jede andere Anordnung der Machtverhältnisse ebenfalls wieder Duplizität der Wirkungen. Und der Sinn der Geschichte kann nur in dem Bedeutungsverhältnis aller Kräfte gesucht werden, die in dem Zusammenhang der Zeiten verbunden waren.

Die systematische Bearbeitung der Wirkungszusammenhänge und Gemeinsamkeiten

Da das Verständnis der Geschichte sich vermittels der Anwendung der systematischen Geisteswissenschaften auf sie vollzieht, hat die vorliegende Darstellung des logischen Zusammenhanges in der Geschichte die allgemeinen Züge der geisteswissenschaftlichen Systematik bereits erörtert. Denn die systematische Bearbeitung der in der Geschichte herausgehobenen Wirkungszusammenhänge hat die Ergründung des Wesens eben dieser Wirkungszusammenhänge zu ihrem Ziel. Ich hebe nur vorausschickend die nachfolgenden drei Gesichtspunkte für die systematische Bearbeitung hervor.

Das Studium der Gesellschaft beruht auf der Analyse der in der Geschichte enthaltenen Wirkungszusammenhänge. Diese Analysis geht vom Konkreten zum Abstrakten, von dem wissenschaftlichen Studium der natürlichen Gliederung der Menschheit und der Völker zur Sonderung der einzelnen Wissenschaften der Kultur und der Trennung der Gebiete der äußeren Organisation der Gesellschaft fort.[21]

Jedes der Kultursysteme bildet einen Zusammenhang, der auf Gemeinsamkeiten beruht; da der Zusammenhang eine Leistung realisiert, hat er einen teleologischen Charakter. Hier tritt nun aber eine Schwierigkeit hervor, welche der Begriffsbildung in diesen Wissenschaften anhaftet. Die Individuen, welche zusammenwirken zu einer solchen Leistung, gehören dem Zusammenhang nur in den Vorgängen an, in denen sie zur Realisierung der Leistung mitwirken, aber sie sind doch in diesen Vorgängen mit ihrem ganzen Wesen wirksam, und so kann niemals aus dem Zweck der Leistung ein solches Gebiet konstruiert werden, vielmehr wirken neben der auf die Leistungen gerichteten Energie in dem Gebiet stets auch die anderen Seiten der menschlichen Natur mit; die historische Veränderlichkeit derselben macht sich geltend. Hierin liegt das logische Grundproblem der Wissenschaft von den Kultursystemen, und wir werden sehen, wie sich zu seiner Auflösung verschiedene Methoden gebildet haben und sich befehden.

Zu dieser Schwierigkeit tritt eine Grenze, welche der Begriffsbildung in den Geisteswissenschaften anhaftet. Sie folgt daraus, daß die Wirkungszusammenhänge Leistungen realisieren und einen teleologischen Charakter haben. Die Begriffsbildung ist daher hier nicht eine einfache Generalisation, welche das Gemeinsame aus der Reihe der einzelnen Fälle gewinnt. Der Begriff spricht einen Typus aus. Er entsteht im vergleichenden Verfahren. Ich suche etwa den Begriff der Wissenschaft festzustellen. An sich fällt unter ihn jeder Gedankenzusammenhang, der auf den Vollzug einer Erkenntnis gerichtet ist. Da ist nun aber unter den Büchern, die wissenschaftlichen Aufgaben gewidmet sind, vieles unfruchtbar, vieles unlogisch, verfehlt. Es widerspricht also der auf die Leistung gerichteten Intention. Die Begriffsbildung hebt diejenigen

Züge hervor, in denen die Leistung eines solchen Zusammenhanges realisiert ist: das ist die Aufgabe einer Wissenschaftslehre. Oder ich will den Begriff der Dichtung feststellen. Auch dies geschieht durch eine begriffliche Konstruktion, welcher nicht alle Verse unterzuordnen sind. Die Mannigfaltigkeit der Erscheinungen in einem solchen Gebiet gruppiert sich um einen Mittelpunkt, den der ideale Fall bildet, in welchem die Leistung vollständig verwirklicht ist.

Die Erörterung über den allgemeinen Zusammenhang in den Geisteswissenschaften ist hiermit abgeschlossen. Die nun folgende Darstellung des Aufbaues der Geisteswissenschaften wird die einzelnen Methoden entwickeln, in denen der allgemeine logische Zusammenhang sich realisiert.

Fußnoten

1 Sitzungsbericht vom 16. März 1905, S. 332 ff. [Ges. Schriften VII, S. II ff.]

2 Über den erworbenen Zusammenhang des Seelenlebens, in »Dichterische Einbildungskraft und Wahnsinn«. Rede 1886, S. 13 ff., Die Einbildungskraft des Dichters, in »Philosophische Aufsätze«, Zeller gewidmet, 1887, S. 355 ff., »Ideen über eine beschreibende und zergliedernde Psychologie«, Sitzungsber. d. Akad. d. Wiss. 1894, S. 80 ff. [Ges. Schriften VI, S. 142 ff., 167 ff. und V, 217 ff.]

3 Einleitung in die Geisteswissenschaften 33.

4 Ebenda 33, 34.

5 Ebenda S. 33. [Schriften Bd. I, S. 26 f.]

6 Meine Jugendgeschichte Hegels. Abhandl. d. Akad. d. Wiss. 1905. [Schriften Bd. IV.]

7 Beruf f. Gesetzgebung S. 5 ff.

8 Ich verweise weiter hierüber auf meine Abhandlung über Schlosser in den Preußischen Jahrbüchern, Bd. 9.

9 Meine Jugendgeschichte Hegels S. 54. [Schriften Bd. IV.]

10 Vgl. in dieser Abhandlung S. 26 ff. und meine oben zitierte Jugendgeschichte Hegels.

11 Einleitung in die Geisteswissenschaften, Vorrede XVII. [Schriften Bd. I, S. XVIII.]

12 Vgl. m. Abhandl.: Studien zur Grundlegung der Geisteswissenschaften. Sitzungsberichte der Berl. Akad. d. Wiss. 1905, S. 331 ff. [Ges. Schriften VII, S. II ff.].

13 Ideen über eine beschreibende und zergliedernde Psychologie. Sitzungsber. d. Berl. Akad. d. Wiss. 1894, S. 1352 [Schriften Bd. V, S. 182].

14 Von hier aus eröffnet sich der Einblick in die logische Aufgabe, die Formen des diskursiven Denkens auf Ausdrucksweisen der Verhältnisse im Gegebenen zu reduzieren, wie sie durch die elementaren Denkleistungen herausgestellt werden. Durch

die Tatsachen im Gebiet des sinnlichen Auffassens werden wir zur Einsicht in die Immanenz der Ordnung im Stoff unserer sinnlichen Erfahrung geführt, und die Sonderung des Stoffs der Eindrücke von den Formen der Zusammenfassung erweist sich als bloßes Hilfsmittel der Abstraktion. Der Satz der Identität besagt, daß jede Setzung unabhängig von ihren wechselnden Stellen im Denkzusammenhang und dem Wechsel in den Subjekten der Aussage gültig ist. Der Satz des Widerspruchs hat den der Identität zur Unterlage. Es tritt in ihm zum Satz der Identität die Verneinung, diese ist nur die Ablehnung einer in oder außer uns sich darbietenden Annahme, sie bezieht sich immer auf eine schon vorausgesetzte Aussage, mag diese nun in einem bewußten Denkakt oder in einer andern Form enthalten sein. Nun schreibt der Satz der Identität der Setzung konstante Geltung zu. Darum ist die Aufhebung dieser Setzung ausgeschlossen. Wir sind nicht imstande, dasselbe zu behaupten und zu verneinen, sofern uns das Verhältnis des Widerspruchs zum Bewußtsein kommt. Wenn ich nun das verneinende Urteil für falsch erkläre, so lehne ich ab, die Setzung aufzuheben, bestätige also die bejahende Aussage: diesen Sachverhalt spricht der Satz des ausgeschlossenen Dritten aus. So bezeichnen also die Denkgesetze keine apriorischen Bedingungen für unser Denken. Und die Verhältnisse, die im Gleichsetzen, Trennen, Abstrahieren, Beziehen enthalten sind, finden sich wieder in den diskursiven Denkoperationen wie in den formalen Kategorien, von denen später die Rede sein wird. Die Annahme, daß das Urteil das Hinzutreten des kategorialen Verhältnisses von Ding und Eigenschaften voraussetze, ist unnötig, da es aus der Beziehung zwischen dem Gegenstand und dem von ihm Prädizierten verstanden werden kann.

15 Hegel, Werke, 7. Bd., 2. Abt. [1845], S. 375 [Philosophie des Geistes].

16 Hegel, Philosophie des Geistes, Werke, 7. Bd., 2. Abt., S. 376.

17 Vgl. meine Abhandlung »Beiträge zum Studium der Individualität«, Sitzungsber. 1896. [Schriften Bd. V.]

18 »Ideen über eine beschreibende und zergliedernde Psychologie« Sitzungsberichte d. Berl. Akad. d. Wiss. 1894. [Schriften Bd. V.] Vgl. in den »Studien z. Grundlegung« S. 332 ff. [Ges. Schriften VII, S. 12 ff.], »Einleitung in d. Geisteswissensch.« 1883 [Schriften Bd. I] und dazu Sigwart, Logik II^3, S. 633 ff.

19 Einleitung in die Geisteswissenschaften S. 52 ff. [Schriften Bd. I, S. 42 ff.].

20 Ich habe zuerst 1865 im Aufsatz über Novalis den historischen Begriff der Generationen angegeben und benutzt, dann in größerem Umfang in Schleiermacher Bd. I verwertet und dann 1875 in dem Aufsatz über das Studium der Geschichte der Wissenschaften vom Staat usw. Philos. Monatsh. XI, 123 ff. den historischen Begriff der Generation und mit ihm zusammengehörige Begriffe entwickelt. Die nähere Bestimmung der Begriffe »historische Kontinuität«, »historische Bewegung«, »Generation«, »Zeitalter«, »Epoche« ist erst in der Darstellung des Aufbaus der Geisteswissenschaften möglich.

21 Dies ist näher behandelt: Einleitung in die Geisteswissenschaften I S. 44 ff. [Schriften Bd. I, S. 35 ff.].